崇德尚能

江苏联合职业技术学院院本教材

道桥工程制图与识图

刘亚双 主　编
王　维　刘　萍 副主编
黄建国 主　审

人民交通出版社股份有限公司
China Communications Press Co.,Ltd.

内 容 提 要

本书为江苏联合职业技术学院五年一贯制高职教材。全书共分六个项目,主要内容包括:制图基础知识、基本体投影图的绘制、组合体投影图的绘制、道路路线施工图识读、路基、路面结构工程图识读、桥涵施工图识读和排水工程图识读。

本书可作为职业教育五年一贯制、中高职衔接教育等路桥专业教材,也可作为相关专业工程技术人员的参考读物。

图书在版编目(CIP)数据

道桥工程制图与识图/刘亚双主编. —北京:人民交通出版社股份有限公司,2019.7
ISBN 978-7-114-15511-6

Ⅰ.①道… Ⅱ.①刘… Ⅲ.①道路工程—高等职业教育—教材 Ⅳ.①U41

中国版本图书馆 CIP 数据核字(2019)第 185364 号

江苏联合职业技术学院院本教材
书　　名:道桥工程制图与识图
著 作 者:刘亚双
责任编辑:任雪莲　卢　珊
责任校对:刘　芹
责任印制:刘高彤
出版发行:人民交通出版社股份有限公司
地　　址:(100011)北京市朝阳区安定门外外馆斜街 3 号
网　　址:http://www.ccpress.com.cn
销售电话:(010)59757973
总 经 销:人民交通出版社股份有限公司发行部
经　　销:各地新华书店
印　　刷:北京市密东印刷有限公司
开　　本:787×1092　1/16
印　　张:12.75
字　　数:314 千
版　　次:2019 年 7 月　第 1 版
印　　次:2022 年 8 月　第 2 次印刷
书　　号:ISBN 978-7-114-15511-6
定　　价:36.00 元

(有印刷、装订质量问题的图书由本公司负责调换)

江苏联合职业技术学院院本教材
出版说明

江苏联合职业技术学院成立以来，坚持以服务经济社会发展为宗旨、以促进就业为导向的职业教育办学方针，紧紧围绕江苏经济社会发展对高素质技术技能型人才的迫切需要，充分发挥"小学院、大学校"办学管理体制创新优势，依托学院教学指导委员会和专业协作委员会，积极推进校企合作、产教融合，积极探索五年制高职教育教学规律和高素质技术技能型人才成长规律，培养了一大批能够适应地方经济社会发展需要的高素质技术技能型人才，形成了颇具江苏特色的五年制高职教育人才培养模式，实现了五年制高职教育规模、结构、质量和效益的协调发展，为构建江苏现代职业教育体系、推进职业教育现代化做出了重要贡献。

面对新时代中国特色社会主义建设的宏伟蓝图，我国社会主要矛盾已经转化为人们日益增长的美好生活需要与发展不平衡不充分之间的矛盾，这就需要我们有更高水平、更高质量、更高效益的发展，实现更加平衡、更加充分的发展，才能全面建成社会主义现代化强国。五年制高职教育的发展必须服从和服务于国家发展战略，以不断满足人们对美好生活需要为追求目标，全面贯彻党的教育方针，全面深化教育改革，全面实施素质教育，全面落实立德树人根本任务，充分发挥五年制高职贯通培养的学制优势，建立和完善五年制高职教育课程体系，健全德能并修、工学结合的育人机制，着力培养学生的工匠精神、职业道德、职业技能和就业创业能力，创新教育教学方法和人才培养模式，完善人才培养质量监控评价制度，不断提升人才培养质量和水平，努力办好人民满意的五年制高职教育，为决胜全面建成小康社会、实现中华民族伟大复兴的中国梦贡献力量。

教材建设是人才培养工作的重要载体，也是深化教育教学改革、提高教学质量的重要基础。目前，五年制高职教育教材建设规划性不足、系统性不强、特色不明显等问题一直制约着其内涵发展、创新发展和特色发展的空间。为切实加强学院教材建设与规范管理，不断提高学院教材建设与使用的专业化、规范化和科学化水平，学院成立了教材建设与管理工作领导小组和教材审定委员会，统筹领导、科学规划学院教材建设与管理工作。制订了《江苏联合职业技术学院教材建设与使用管理办法》和《关于院本教材开发若干问题的意见》，完善了教材建设与管理的规章制度；每年滚动修订《五年制高等职业教育教材征订目录》，统一组织五年制高职教育教材的征订、采购和配送；编制了学院"十三五"院本教材建设规划，组织18个专业和公共基础课程协作委员会推进院本教材开发，建立了一支院本教材开发、编写、审定队伍；创建了江苏五年制高职教育教材研发基地，与江苏凤凰职业教育图书有限公司、苏州大学出版社、北京理工大学出版社、南京大学出版社、上海交通大学出版社等签订了战略合作协议，协同开发独具五年制高职教育特色的院本教材。

今后一个时期，学院在推动教材建设和规范管理工作的基础上，紧密结合五年制高职教育发展新形势,主动适应江苏地方社会经济发展和五年制高职教育改革创新的需要,以学院18个专业协作委员会和公共基础课程协作委员会为开发团队,以江苏五年制高职教育教材研发基地为开发平台,组织具有先进教学思想和学术造诣较高的骨干教师,依照学院院本教材建设规划,重点编写出版约600本有特色、能体现五年制高职教育教学改革成果的院本教材,努力形成具有江苏五年制高职教育特色的院本教材体系。同时,加强教材建设质量管理,树立精品意识,制订五年制高职教育教材评价标准,建立教材质量评价指标体系,开展教材评价评估工作,设立教材质量档案,加强教材质量跟踪,确保院本教材的先进性、科学性、人文性、适用性和特色性。学院教材审定委员会组织各专业协作委员会做好各专业课程(含技能课程、实训课程、专业选修课程等)教材出版前的审定工作。

本套院本教材较好地吸收了江苏五年制高职教育最新理论和实践研究成果,符合五年制高职教育人才培养目标定位要求。教材内容深入浅出,难易适中,突出"五年贯通培养、系统设计"专业实践技能经验积累培养,重视启发学生思维和培养学生运用知识的能力。教材条理清楚,层次分明,结构严谨,图表美观,是一套专门针对五年制高职教育人才培养的教材。

学院教材建设与管理工作领导小组
学院教材审定委员会
2017 年 11 月

序 言

根据《江苏联合职业技术学院教材建设与使用管理办法》(苏联院〔2015〕11号)、《关于院本教材开发若干问题的意见》(苏联院研〔2016〕12号)和《关于明确院本教材编审人员等有关内容的通知》(苏联院研〔2017〕22号)等文件精神,江苏联合职业技术学院路桥专业协作委员会组织了无锡交通分院、南京分院、苏州建设交通分院、扬州技师分院和江苏省交通技师学院五所学校的专业带头人、骨干教师开展了学院路桥专业"十三五"院本教材的编写工作,计划编写院本教材共19本,涵盖路桥及相关专业的专业基础课程及专业课程(含技能课程、实训课程、专业选修课程)。

本套院本教材开发以最新的五年制高职路桥专业人才培养方案和课程标准为依据,准确把握教学改革方向,在选择教材内容和确定编写体系时,注重体现素质教育、创新能力与实践能力的培养,促进学生知识、能力、素质的协调发展,充分体现了五年制高职教育人才培养特色。

本套教材的编写团队以各校骨干教师为主,并有部分企业工程技术人员参与审核,全体编审人员均具有较高的学术水平和教学水平,有丰富的教育教学经验和改革创新精神,充分体现了集思想性、科学性、先进性、系统性和适用性于一体的编写理念,积极对接产业发展和职业标准,遵循五年制高职学生成长规律和教育教学规律,并体现出最新课程改革成果,对于形成五年制高职教育人才培养特色,发挥五年制高职贯通培养具有一定的优势。

本套教材内容新、起点高、教学针对性和适应性强、重点突出,不仅适合五年一贯制高职路桥、市政工程、工程造价等专业学生使用,也适合作为土木类工程技术人员的学习参考用书。

本套教材的出版得到了江苏联合职业技术学院各级领导的大力支持,也得到了5所成员学校的通力合作,凝聚了全体编审人员、行业专家、教师群体的智慧和辛勤劳动,愿我们共同向精品教材的目标继续努力。

向所有关心、支持本套教材编写出版的各级领导、行业专家、老师、同学和朋友们致以敬意和谢意!

江苏联合职业技术学院
路桥专业协作委员会
2019年4月

前　言

当前我国高等职业教育力行改革,学生职业能力的培养与形成是其核心。工学结合是职业教育改革发展的一个重要方向,它推动了以职业岗位核心技能为导向的课程体系构建和以工学结合为思路的项目化课程开发。与此同时,建设与之相适应的教材、教学资源则成为新的教学体系之所亟需。

本书按照江苏省五年制高职道路桥梁工程技术专业职业能力培养目标的要求,以岗位能力分析为基础,以能力培养为目标,以教学内容的实用性为突破口,从职业资格所需要的职业素质与岗位技能组织教学内容,形成具有特色的项目化教材。本教材适用于高等职业教育道路桥梁工程技术、市政工程技术专业及其他相关专业的教学用书,也可作为相关工程技术人员的参考读物。

本书共7个项目25个任务。本书由苏州建设交通高等职业技术学校刘亚双担任主编,苏州建设交通高等职业技术学校王维、刘萍担任副主编,朱玉美、李俊、秦杨参与了本书部分章节的编写工作。苏州建设交通高等职业技术学校黄建国担任主审。具体编写分工为:项目一和项目五由江苏省交通技师学院朱玉美编写,项目二由江苏省无锡交通高等职业技术学校李俊编写,项目三由南京高等职业技术学校秦杨编写,项目四由刘萍编写,项目六中除任务二以外由刘亚双编写,项目六任务二由王维编写。

由于编写时间仓促,加之编者的水平和经验有限,书中或有不妥之处,敬请广大读者和同行批评指正,以便适时修改。

编　者
2019 年 1 月

目　　录

项目一　制图基础知识 ··· 1
　任务一　制图工具及使用方法 ·· 1
　任务二　制图基本规定 ·· 5
　任务三　几何作图 ·· 14
　思考与练习 ··· 16
项目二　基本体投影图的绘制 ··· 17
　任务一　投影的概念及物体的三面投影 ··· 17
　任务二　点、直线、平面的投影 ·· 23
　任务三　基本体的投影 ·· 36
　任务四　轴测投影图 ··· 45
　思考与练习 ··· 51
项目三　组合体投影图的绘制 ··· 53
　任务一　组合体的组合形式及投影分析 ··· 53
　任务二　组合体投影图的画法 ·· 56
　任务三　组合体投影图的识读 ·· 60
　任务四　组合体的尺寸标注 ··· 66
　任务五　剖面图和断面图 ··· 70
　思考与练习 ··· 81
项目四　道路路线施工图识读 ··· 82
　任务一　高程投影 ·· 82
　任务二　道路路线工程图 ··· 88
　任务三　道路平面图 ··· 97
　任务四　道路纵断面图 ·· 102
　任务五　道路标准横断面图 ·· 108
项目五　路基、路面结构工程图识读 ·· 113
　任务一　路基横断面图 ·· 113
　任务二　路面结构图 ··· 118
　任务三　排水系统工程图 ··· 123
　任务四　公路防护及加固工程图 ·· 128
　思考与练习 ··· 134
项目六　桥涵施工图识读 ··· 136
　任务一　钢筋混凝土结构图 ·· 136

· 1 ·

任务二　桥梁工程图 ·· 147
   任务三　涵洞工程图 ·· 161
   任务四　隧道工程图 ·· 172
项目七　排水工程图识读 ·· 181
参考文献 ·· 194

项目一　制图基础知识

任务一　制图工具及使用方法

📖 **学习目标**

(1)了解国家制图标准中关于正确使用绘图工具和仪器作图以及图幅、比例、字体、线型的规定。

(2)掌握绘图工具和仪器的正确使用方法。

绘制工程图应掌握绘图工具和仪器的正确使用方法,因为它是提高绘图质量,加快绘图速度的前提。

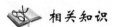相关知识

一、工程图样

在现代工业中,设计和制造业空前发达,无论是土木建筑工程还是机械制造工程,都必须依靠工程设计图样进行施工和制作,工程图样成为工业生产中一种重要的技术资料。工程图样是按规定的方法来表达机械或建筑物的形状、大小、材料和技术要求,是表达和交流技术思想的重要工具,是工程技术部门的一项重要工具和重要技术文件。在工程界,工程图样有"工程师的语言"之称。每一个工程技术人员都必须具备绘制和阅读工程图样的能力。

工程图是工程设计文件的最主要组成部分,是指导工程施工的法律性文件。在建设工程实行招投标及监理制度的今天,工程图是合同文件的重要组成部分,是工程质量监理、工程量计量和工程款支付的基本依据。

二、道路工程制图课程简介

在公路、城市道路、铁路、隧道等交通工程建设过程中,典型的工作任务一般包括工程的勘测、设计、施工、竣工验收、运营管理等。对这些典型的工作任务所对应的工作岗位进行分析发现:测量、设计、施工、监理、造价等岗位能力都要求具有一定的识读工程图纸的能力。

对于交通工程各岗位的专业群,本课程都是其不可或缺的主干课程。本课程同时是道路桥梁工程技术专业及相关专业群的一门专业基础课,是后续专业相关课程学习的基础,并与这些课程共同形成较为完整的职业能力培养体系。

本课程是一门既有系统的理论,又有较强实践性的一门专业基础课,它研究绘制、阅读工程图样和图解空间几何问题,目标是在掌握工程制图的基本知识、基本理论和基本方法的基础上,培养和提高学习者的空间思维能力和绘图的实际操作技能,促进学习者提高解决实际工程图样问题的能力。同时,本课程还介绍了道路、桥梁方面的一些基本知识,使学习者

初步建立工程结构的设计思想。

手工绘制工程图必须借助制图工具进行,常用的绘图工具及仪器有图板、铅笔、丁字尺、三角板、比例尺、分规、圆规及曲线板等。

1. 图板

如图1.1-1所示,图板用来铺放和固定图纸,一般用胶合板做成,板面平整。图板的短边作为丁字尺上下移动的导边,因此要求平直。图板不可受潮或暴晒,以防板面变形,影响绘图质量。图板有多种规格,可根据需要选用。

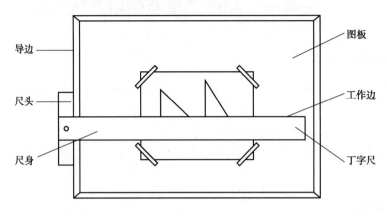

图1.1-1 图板

2. 丁字尺

丁字尺由有机玻璃做成,尺头与尺身垂直,尺身的工作边必须保持光滑平直,且勿用工作边裁纸。丁字尺用完之后要挂起来,防止尺身变形。

如图1.1-2所示,丁字尺主要用来画水平线,画线时,左手握住尺头,使它紧靠图板的左边,右手扶住尺身,然后左手上下推动丁字尺,在推动的过程中,尺头一直紧靠图板左边,推到需画线的位置停下来,自左向右画水平线,画线时可缓缓旋转铅笔。也可用三角板与丁字尺配合画铅直平行线,如图1.1-3所示。注意不要用丁字尺画铅直线。

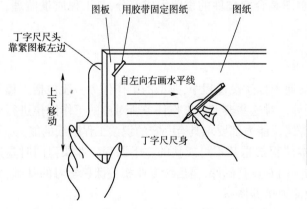
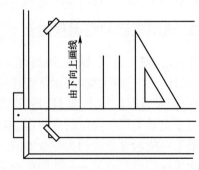

图1.1-2 用丁字尺画水平平行线　　图1.1-3 用三角板与丁字尺配合画铅直平行线

3. 三角板

如图1.1-4所示,三角板由有机玻璃制成,一副三角板有两个:一个三角板角度为30°、

60°、90°，另一个三角板角度为45°、45°、90°。三角板主要用来画铅直线，也可与丁字尺配合使用画出一些常用的斜线，例如，15°、30°、45°、60°、75°等方向的斜线。

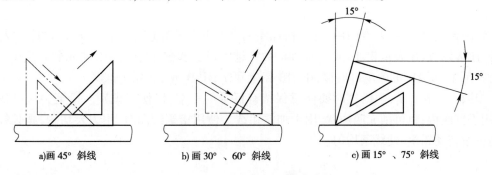

图1.1-4　用三角板与丁字尺配合画斜线

4. 比例尺

绘图时会用到不同的比例，这时可借助比例尺来截取线段的长度。如图1.1-5a)所示，比例尺上的数字以米为单位。常见的比例尺称为三棱比例尺，三个尺面共有6个常用的比例刻度，即1∶100、1∶200、1∶300、1∶400、1∶500、1∶600。使用时，先在尺上找到所需的比例，不用计算，即可按需在其上量取相应的长度作图。若绘图比例与尺上的6种比例不同，则选尺上最方便的一种相近的比例折算量取。

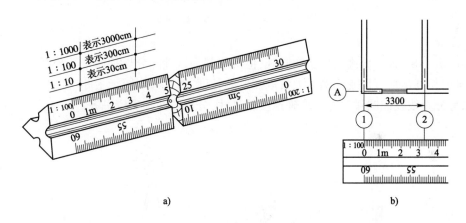

图1.1-5　比例尺(尺寸单位：mm)

注意不要把比例尺当直尺来画线，以免损坏尺面上的刻度。绘图时先选定比例尺。如图1.1-5b)所示：要用1∶100的比例尺在图纸上画出3300mm长的线段，只需在比例尺的1∶100面上，找到3.3m，那么尺面上0～3.3m的一段长度，就是在图纸上需要画的线段长度。

5. 曲线板

如图1.1-6所示，有些曲线需要用曲线板分段连接起来。使用时，首先要定出足够数量的点，徒手将各点连成曲线，然后选用适当的曲线板，并找出曲线板上与所画曲线吻合的一段，沿着曲线板边缘，将该段曲线画出。一般每描一段最少应有4个点与曲线

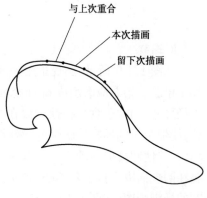

图1.1-6　曲线板

板的曲线重合。为使描画出的曲线光滑,每描一段曲线时,应有一小段与前一段所描的曲线重叠。

6. 绘图铅笔

绘图铅笔种类很多,专门用于绘图的铅笔是"中华绘图铅笔",其型号以铅芯的软硬程度来分,H 表示硬,B 表示软;H 或 B 前面的数字越大表示越硬或越软;HB 表示软硬适中。绘图时常用 H 或 2H 的铅笔打底稿,用 HB 铅笔写字,用 B 或 2B 铅笔加深。

如图 1.1-7 所示,削铅笔时要注意保留有标号的一端,以便于识别。铅笔尖应削成锥状,用于打底稿;也可削成四棱状,用于加深粗线。使用铅笔绘图时,用力要均匀,画长线时要边画边转动铅笔,使线条均匀。

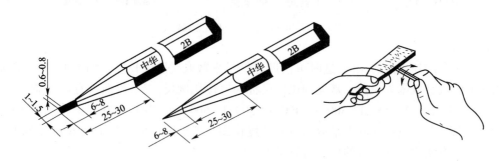

图 1.1-7　铅笔削法(尺寸单位:mm)

7. 分规

如图 1.1-8 所示,分规的形状像圆规,但两腿都为钢针。分规是用来等分线段或量取长度的,量取长度是从直尺或比例尺上量取需要的长度,然后移到图纸上相应的位置。分规通常用来等分直线段或圆弧。为了准确地度量尺寸,分规的两针尖应平齐。

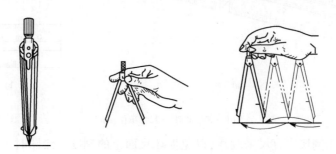

图 1.1-8　分规及使用示例

8. 圆规

如图 1.1-9 所示,圆规是用来画圆和圆弧的仪器。在使用前应调整带针插脚,使针尖略长于铅芯。铅芯应磨削成 65°的斜面,如图 1.1-9a)所示。使用时,先将两脚分开至所需的半径尺寸,用左手食指把针尖放在圆心位置,如图 1.1-9b)所示,将带针插脚轻轻插入圆心处,使带铅芯的插脚接触图纸,然后转动圆规手柄,沿顺时针方向画圆,转动时用力和速度要均匀,并使圆规向转动方向稍微倾斜,如图 1.1-9c)所示。圆或圆弧应一次画完,画大圆时,要在圆规插脚上接上延长杆,要使针尖与铅芯都垂直于纸面,左手按住针尖,右手转动带铅芯的插脚画图,如图 1.1-9d)所示。

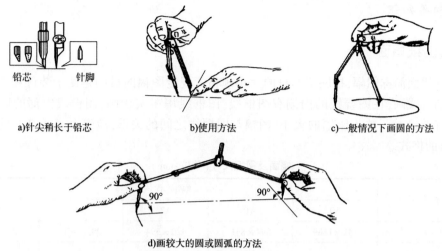

a)针尖稍长于铅芯　　b)使用方法　　c)一般情况下画圆的方法

d)画较大的圆或圆弧的方法

图 1.1-9　圆规及其用法

9. 绘图墨水笔

如图 1.1-10 所示，绘图墨水笔是用来上墨线的。它的针尖为一针管，所以又称针管笔。它有不同的粗细规格，可以分别画出粗细不同的墨线，由于墨线笔针管较细，在使用过程中容易发生堵塞，当出现堵塞时，可轻轻甩动笔尖，听到响声，就表示通了。用完后，需刷干净存放在盒内。

图 1.1-10　绘图墨水笔

10. 其他绘图用品

单(双)面刀片、绘图橡皮、绘图模板、透明胶带等也是绘图时常用的用品。

任务二　制图基本规定

学习目标

(1)了解常用绘图工具及其使用方法。
(2)了解有关道路工程制图标准的基本规定。
(3)能够使用绘图工具正确进行几何作图与平面图形尺寸标注。
(4)能够在规定的图幅上均匀布图与绘图。

图样是工程界的共同语言，是施工的依据。为了使工程图表达统一、清晰，满足设计、施工等的需要，又便于技术交流，对图幅大小、图样的画法、线型、线宽、字体、尺寸标注、图例等都有统一的规定。本任务内容在《道路工程制图标准》(GB 50162—92)的基础上进行编写。

本任务要求学生能够熟知国家标准关于图纸幅面和格式及比例的规定，能够正确识别读图方向，掌握比例的概念和选用原则，具有正确认知和选用图纸幅面、格式及比例的能力，了解图线的类型及应用，掌握图线画法的注意事项。

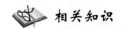 相关知识

一、图纸幅面

图纸幅面简称图幅,指图纸本身的大小规格。规定图幅的目的是便于装订和管理。图幅线用细实线画,在图幅线的内侧有图框线,图框线用粗实线画,图框线内部的区域才是绘图的有效区域。关于图幅的大小,图幅与图框线之间的关系,应符合表 1.2-1 的规定及图 1.2-1 的格式。

幅面及图框尺寸(单位:mm)　　　　　　　表 1.2-1

尺寸代号	幅面代号				
	A0	A1	A2	A3	A4
$b \times L$	841×1189	594×841	420×594	297×420	210×297
c	10			5	
a	25				

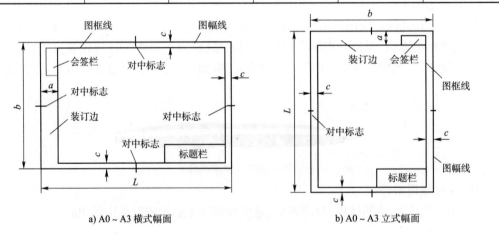

a) A0～A3 横式幅面　　　　　　b) A0～A3 立式幅面

图 1.2-1　幅面

注:有特殊需要的图纸,可采用 $b \times L$ 为 841mm×891mm 或 1189mm×1261mm 的幅面。

图纸幅面的长边是短边的倍数,且 A0 号图幅的长边为 1189mm,短边为 841mm。A1 号图纸幅面是 A0 号图纸幅面长边的对裁,A2 号图纸幅面是对 A1 号图纸幅面长边的对裁,其他图纸幅面以此类推。如 A0 号图纸幅面经反复对裁长边,可得 8 张 A3 号图纸幅面。初学者只需记住其中一两种图纸幅面尺寸即可。需要缩微复制的图纸,其一个边上应附有一段准确米制尺度,四个边上均应附有对中标志,米制尺度的总长应为 100mm,分格应为 10mm。对中标志应画在各边长的中点处,线宽应为 0.35mm,伸入框内应为 5mm。

根据需要,图纸幅面的长边可以加长,但短边不得加宽,长边加长的尺寸应符合相关规定。长边加长时,图幅 A0、A2、A4 应为 150mm 的整倍数,图幅 A1、A3 应为 210mm 的整倍数。

对中标志的作用是使图样复制和缩微摄影时定位方便,应画在幅面线中点处,线宽应为 0.35mm,伸入图框内 5mm。

图框内右下角应绘图纸标题栏,简称图标,《道路工程制图标准》(GB 5016—92)规定的格式有三种,如图 1.2-2 所示。

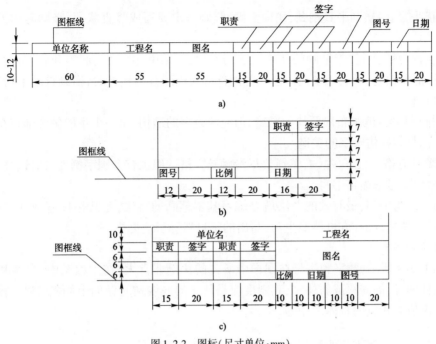

图 1.2-2 图标(尺寸单位:mm)

二、字体

工程图样上会遇到各种字或符号,如汉字、数字、字母等。为了保证图样的规范性和通用性,且使图面清晰美观,均应做到笔画清晰、字体端正、排列整齐、标点符号清楚正确。

1. 汉字

《道路工程制图标准》(GB 50162—92)规定图中汉字应采用长仿宋字(又称工程字),并采用国家正式公布的简化字,汉字的高度与宽度之比为 3∶2,字体的高度即为字号(表 1.2-2)。汉字书写要求采用从左到右,横向书写的格式,且高度应不小于 3.5mm。

长仿宋体字高宽关系(单位:mm) 表 1.2-2

字 高	20	14	7	5	3.5
字 宽	14	10	5	3.5	2.5

书写长仿宋体字的要领是:横平竖直、起落分明、排列均匀、填满方格,如图 1.2-3 所示。

建筑施工图平立剖面房屋
10号字

字体工整笔画清楚间隔均匀排列整齐
7号字

横平竖直注意起落结构均匀填满方格
5号字

图术制图机械电子汽车航舶土木建筑矿山井坑港口纺织服装

图 1.2-3 长仿宋字示例

(1)横平竖直:横画平直刚劲,稍向上倾;竖画一定要写成竖直状,写竖画时用力一定要均匀。

(2)起落分明:"起"指笔画的开始,"落"指笔画的结束,横、竖的起笔和收笔,撇的起笔、钩的转角,都要顿笔,形成小三角。但当竖画首端与横画首端相连时,横画首端不再筑锋,竖画改成曲头竖。

(3)排列均匀:笔画布局要均匀紧凑,但应注意字的结构,每一个字的偏旁部首在字格中所占的比例是写好仿宋字的关键。

(4)填满方格:上、下、左、右笔锋要尽量触及方格。但也有个别字例外,如日、月、口等都要比字格略小,考虑缩格书写。

要想写好仿宋字,最有效的办法就是练习基本笔画的写法,尤其是顿笔,然后再打字格练习字体,且持之以恒,方可熟能生巧,写出的字自然、流畅、挺拔、有力。

2. 数字和字母

如图 1.2-4 所示,数字和字母在图样中所占的比例非常大,在工程图中,数字和字母有正体和斜体两种,如需写成斜体字,其斜度应是从字的底线逆时针向上倾斜 75°。斜体字的高度与宽度应与相应的直体字相等。

图 1.2-4　数字和字母示例

拉丁字母、阿拉伯数字与罗马数字的字高,应不小于 2.5mm。

当图纸中有需要说明的事项时,宜在每张图的右下角图标上方处加以叙述。该部分文字应采用"注"字标明,字样"注"应写在叙述事项的左上角,每条注的结尾应标以句号。

说明事项需要划分层次时,第一、二、三层次的编号应分别用阿拉伯数字、带括号的阿拉伯数字及带圆圈的阿拉伯数字标注。图纸中文字说明不宜用符号代替名称。当表示数量时应采用阿拉伯数字书写,如三千零五十毫米应写成 3050mm,三十二小时应写成 32h。分数不得用数字与汉字混合表示,如五分之一应写成 1/5,不得写成"5 分之1"。不够整数位的小数数字,小数点前应加"0"定位。

三、图线

图纸上的线条统称为图线。图线有粗、中、细之分。为了表示出图中不同的内容,并且能够分清主次。表 1.2-3 列出了工程图样中常用的线型。

工程图样常用线型　　　　　　　　　　　　　　　表 1.2-3

名　　称		线　型	线　宽	一般用途
实线	粗	——————	b	主要可见轮廓线
	中	——————	$0.5b$	可见轮廓线
	细	——————	$0.25b$	可见轮廓线、图例线
虚线	粗	- - - - - -	b	见各有关专业制图标准
	中	- - - - - -	$0.5b$	不可见轮廓线
	细	- - - - - -	$0.25b$	不可见轮廓线、图例线
单点长画线	粗	—·—·—·	b	见各有关专业制图标准
	中	—·—·—·	$0.5b$	见各有关专业制图标准
	细	—·—·—·	$0.25b$	中心线、对称线等
双点长画线	粗	—··—··—	b	见各有关专业制图标准
	中	—··—··—	$0.5b$	见各有关专业制图标准
	细	—··—··—	$0.25b$	假想轮廓线、成型前原始轮廓线
折断线		∼∼	$0.25b$	断开界线
波浪线		～～～	$0.25b$	断开界线

在确定线宽 b 时,应根据形体的复杂程度和比例的大小,确定基本线宽 b。b 值宜从下列线宽系列中选取:2.0mm、1.4mm、1.0mm、0.7mm、0.5mm、0.35mm。每个图样应根据复杂程度与比例大小,先选定基本线宽 b,再选用表 1.2-4 中的线宽粗。

线　宽　粗　　　　　　　　　　　　　　　　　　表 1.2-4

线　宽　比	线宽粗(mm)					
b	2.0	1.4	1.0	1.7	0.5	0.35
$0.5b$	1.0	0.7	0.5	0.35	0.25	
$0.25b$	0.5	0.35	0.25	0.18	—	

注:1. 需要微缩的图纸,不宜采用 0.18mm,以及更细的线宽。
　　2. 同一张图纸内,各不同线宽中的细线,可统一采用较细线宽组的细线。

(1) 同一张图纸内,相同比例的各图样,应选用相同的线宽组。

(2) 相互平行的图线,其间隙不宜小于其中的粗线宽度,且不宜小于 0.7mm。

(3) 虚线、单点长画线或双点长画线的线段长度和间隔,宜各自相等。虚线线段长 3~6mm,间隔为 0.5~1mm。单点长画线或双点长画线的线段长度为 15~20mm。

(4) 单点长画线或双点长画线的两端,不应是点,如表 1.2-6 所示。点画线与点画线交接或点画线与其他图线交接时,应是线段交接。

(5) 虚线与虚线交接或虚线与其他图线交接时,应是线段交接。虚线为实线的延长线时,不得与实线连接,如表 1.2-6 所示。

(6) 图线不得与文字、数字或符号重叠、混淆;不可避免时,应首先保证文字等的清晰。

(7) 绘制圆或圆弧的中心线时,圆心应为线段的交点,且中心线两端应超出圆弧 2~3mm。当圆较小,画点画线有困难时,可用细实线来代替。

(8) 图纸的图框和标题栏线,可采用表 1.2-5 中的线宽。

图框线、标题栏线的宽度(单位:mm)　　　　　　　　　　　　表 1.2-5

幅面代号	图框线	标题栏外框线	标题栏分格线、会签栏线
A0,A1	1.4	0.7	0.35
A2,A3,A4	1.0	0.7	0.35

图线相交的画法　　　　　　　　　　　　　　　　　　　　　　表 1.2-6

名　称	举　例	
	正确	错误
两点画线相交		
实线与虚线相交,两虚线相交		
虚线为粗实线的延长线		

四、比例

图样的比例是指图样中图形与其实物相应要素的线性尺寸之比。图样比例分原值比例、放大比例、缩小比例三种。根据实物的大小与结构的不同,绘图时可根据情况放大或缩小。比例的大小是指比值的大小,如 1∶50 大于 1∶100。比例宜标注在图名的右侧,字号比图名号小一号或两号。

绘图所用的比例根据图面布置合理、匀称、美观的原则,按图形大小及图面复杂程度确定,一般优先选用表 1.2-7 中的常用比例。

绘图所用的比例　　　　　　　　　　　　　　　　　　　　　　表 1.2-7

常用比例	1∶1	1∶2	1∶5	1∶10	1∶20	1∶50
	1∶100	1∶200	1∶500	1∶1000	1∶2000	1∶5000
	1∶10000	1∶20000	1∶50000	1∶10000	1∶200000	
可用比例	1∶3	1∶15	1∶25	1∶30	1∶40	1∶60
	1∶150	1∶250	1∶300	1∶400	1∶600	1∶1500
	1∶2500	1∶3000	1∶4000	1∶6000	1∶15000	1∶30000

比例应采用阿拉伯数字表示,标注在图名的下方或右侧,字高比图名字体小一号或两号。当同一张图纸中的比例完全相同时,可在图标中注明,也可以在图纸中适当位置采用标尺标注。当竖直方向与水平方向的比例不同时,可以用 V 表示竖直方向比例,用 H 表示水平方向比例。

提示:当采用一定比例画图时,图样上标注的尺寸数字是结构物的实际尺寸,而与所采用的比例无关。

五、坐标

为了表示地区的方位和路线的走向,在地形图上需画出指北针或坐标网格。图纸上指北针标志的绘制如图 1.2-5a)所示。

用网格表示坐标,坐标网格应用细实线绘制,南北方向轴线代号为 X 轴,向北为坐标值增大方向;东西方向轴线代号为 Y 轴,向东为坐标值增大方向。坐标网格也采用"＋"代替,如图 1.2-5b)所示。坐标值的标注应靠近被标注点,书写方向应平行于对应的网格线或在其延长线上。

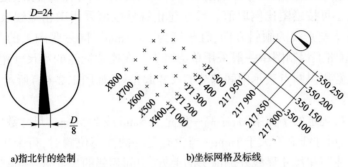

图 1.2-5　坐标网格及指北针的绘制

当坐标数值位数较多时,可将前面相同数字省略,但应在图纸中说明,坐标数值也可采用间隔标注。当需要标注的控制坐标点不多时,宜采用引出线的形式标注。水平线上、下分别标注 X 轴、Y 轴的代号及数值。当需要标注的控制点较多时,图样上可标注点的代号,坐标值可在适当位置列表表示。坐标值的计量单位应采用米,并精确到小数点后三位。

六、尺寸标注

工程图上除画出构造物的形状外,还必须准确、完整和清晰地标注出构造物的实际尺寸,作为施工的依据。因此,尺寸是图样的重要组成部分。

1. 尺寸的组成

图样上标注的尺寸,由尺寸界线、尺寸线、尺寸起止符号和尺寸数字四部分组成。

(1)尺寸线

尺寸线用细实线绘制,应与被标注长度平行,且不应超出尺寸界线。任何其他图线都不能作为尺寸线。相互平行的尺寸线应从被标注的轮廓线由近向远排列,并且小尺寸在内、大尺寸在外。所有平行尺寸线间的间距一般在 5~15mm 之间,同一张图样上这种间距应当保持一致,如图 1.2-6a)所示。

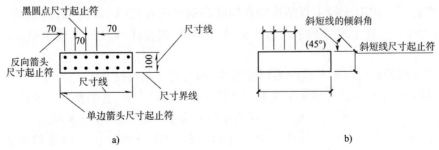

图 1.2-6　尺寸线的标注

(2)尺寸界线

尺寸界线应用细实线绘制,由一对垂直于被标注长度的平行线组成,其间距等于被标注线段的长度。当标注困难时,也不可垂直于被标注长度,但尺寸界线应相互平行。尺寸界线一端应靠近所注轮廓线,另一端应超出尺寸线 1～3mm,如图 1.2-6b)所示,图形轮廓线、中心线也可作为尺寸界线。

(3)尺寸起止符号

尺寸线与尺寸界线的相交尺寸起止点,在起止点上应画尺寸起止符号。尺寸起止符号宜采用单边箭头表示,箭头在尺寸界线的右边时,应标注在尺寸线之上;反之,应标注在尺寸线之下。箭头大小可按绘图比例取值。尺寸起止符号也可采用中粗短线表示,把尺寸界线顺时针转 45°,作为斜短线的倾斜方向,且长度为 2～3mm。同一张图上的图样应采用同一种尺寸起止符,道路工程制图中一般采用单边箭头。在连续标注的小尺寸中,也可在尺寸界线同一水平的位置用黑圆点表示中间部分的尺寸起止符,如图 1.2-6a)所示。

(4)尺寸数字

尺寸数字应按规定的字体书写,字高一般是 3.5mm 或 2.5mm。尺寸数字一般标注在尺寸线上方中部,离尺寸线应不大于 1mm。当没有足够的注写位置时,可采用反向箭头,最外边的尺寸数字可注写在尺寸界线外侧箭头的上方,中间相邻的尺寸数字可错开注写,也可引出注写。尺寸均应标注在图样轮廓线以外,任何图线不得穿过尺寸数字,当不可避免时,应将尺寸数字处的图线断开。

尺寸数字及文字注写方向如图 1.2-7 所示,即水平尺寸字头朝上,垂直尺寸字头朝左,倾斜尺寸的尺寸数字都应保持字头仍有朝上趋势。同一张图纸的图样上,尺寸数字的大小应相同。

图 1.2-7 尺寸数字、文字的标注

2.尺寸标注中的一般规定

(1)图上所有尺寸数字是物体的实际尺寸大小数值,与图的比例无关。

(2)在道路工程图中,线路的里程桩号以 km 为单位;高程、坡长和曲线要素均以 m 为单位;一般砖、石、混凝土等工程结构物及钢筋和钢材的长度以 cm 为单位;钢筋和钢材断面以 mm 为单位。图上尺寸数字之后不必注写单位,但在注解及技术说明中要注明尺寸单位。

(3)引出线的斜线与水平线应采用细实线绘制,其交角可按 90°、120°、135°、150°绘制。可将文字说明标注在引出线的水平线上。当斜线在一条以上时,各斜线在一条以上时,各斜线宜平行或交于一点,如图 1.2-8 所示。

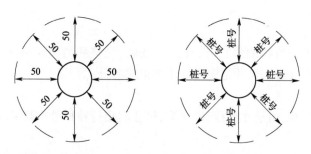

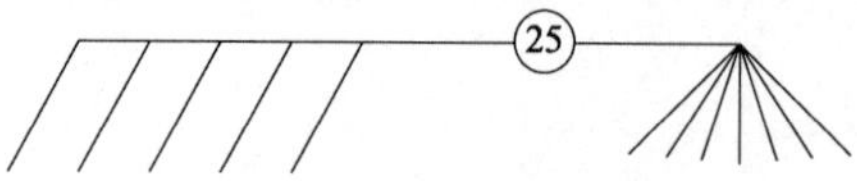

图 1.2-8 引出线的标注

(4)半径与直径的标注。标注圆的直径尺寸时,直径数字前应加直径符号"φ"。在圆内标注的尺寸线应通过圆心,两端画箭头指至圆弧。较小圆的直径尺寸,可标注在圆外,如图1.2-9所示。

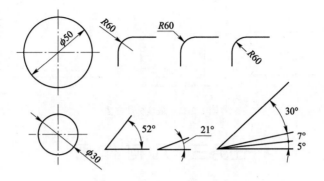

图1.2-9　半径、直径、尺寸注法

(5)标注圆弧的弧长时,尺寸线应以与该圆弧同心的圆弧线表示,尺寸界线应垂直于该圆弧的弦,起止符号用箭头表示,弧长数字上方应加注圆弧符号"⌒",如图1.2-10a)所示。

(6)标注圆弧的弦长时,尺寸线应以平行于该弦的直线表示,尺寸界线应垂直于该弦,起止符号用中粗斜短线表示,如图1.2-10b)所示。

(7)杆件或管线的长度,在单线图(桁架简图、钢筋简图、管线简图)上,可直接将尺寸沿杆件或管线的一侧注写,如图1.2-10c)所示。

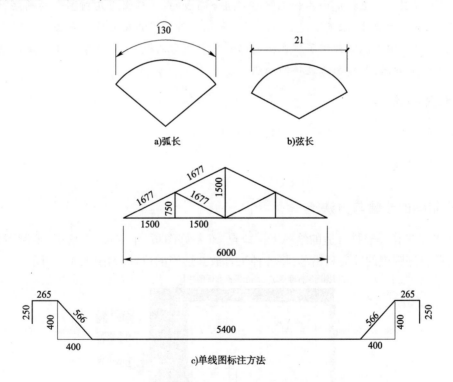

a)弧长　　　b)弦长

c)单线图标注方法

图1.2-10　弧长、弦长、单线图标注方法

(8)标注坡度时,应加注坡度符号"◢",该符号为单面箭头,箭头应指向下坡方向。坡度也可用直角三角形形式标注,如图1.2-11所示。

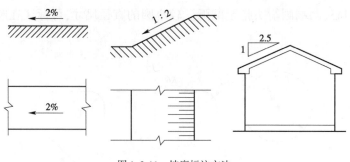

图 1.2-11 坡度标注方法

任务三 几何作图

 学习目标

(1)能够在规定的图幅上均匀布图与绘图。
(2)能够使用绘图工具正确进行几何作图与平面图形尺寸标注。
(3)能够按照制图步骤作图。

 任务描述

任何工程图实际上都是由各种几何图形组合而成的,正确掌握几何图形的画法,能够提高制图的准确性和速度,保证制图质量。下面介绍几种常用的几何作图方法。

本任务要求学生能够初步了解立体图形和平面图形的概念,掌握绘图工具及其使用,熟悉线段、圆弧等分法,掌握圆弧连接的画法。

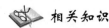 相关知识

几何作图工具的使用:见任务一的相关知识。

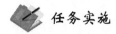 任务实施

一、制图的步骤与方法

(1)准备工作。安排合适的绘图工作地点,准备好图板、丁字尺、三角板、绘制不同图线的铅笔,调整好圆规的针尖和铅芯,将各种工具放在适当的位置,如图 1.3-1 所示。

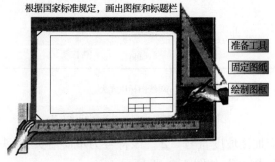

图 1.3-1 准备工作

(2)图形分析。分析所绘制的图形,明确平面图形各部分的关系。

(3)选择图形比例和图纸幅面。根据图形分析,确定图纸幅面和绘图比例。在图板合适的位置上用胶带纸固定好图纸,并找出图纸的中心,按标准图幅的尺寸,绘制图框线和标题栏。

(4)图形布置。在图框内适当布置图形,考虑留出尺寸注写和文字说明的位置。考虑好图形布置之后,画出图形的基准线,如中心线、轮廓线等。

(5)绘制底稿。用较硬的铅笔绘制底稿。先画出图形的主要轮廓,再画出细节。图形的底稿线应细、轻、准。

(6)加深。底稿完成后要仔细检查,准确无误后,按平面图形标注尺寸的方法引出尺寸界线和尺寸线,然后按不同线型加深图形。图线应浓淡均匀。

(7)注写尺寸数字和文字说明,填写标题栏。

二、作平行线

过已知点作一直线平行于已知直线,如图1.3-2所示。

三、作垂直线

过已知点作一直线垂直于已知直线,如图1.3-3所示。

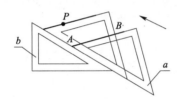
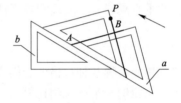

图1.3-2 作平行线图

注:1.使三角板 a 的一边靠贴 AB,另一边靠上另一三角板 b。
2.按住三角板 b 不动,推动三角板 a 至点 p。
3.过 P 点画一直线即可。

图1.3-3 作垂直线

注:1.使三角板 a 的一直角边靠贴 AB,其斜边靠一三角板 b。
2.按住三角板 b 不动,推动三角板 a。
3.过 P 点画一直线即可。

 思考

是否可用三角板的其他边完成以上任务?

四、等分线段

分已知线段为任意等分,如图1.3-4所示。

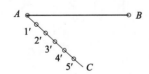
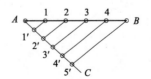

a)已知直线段 AB,过点 A 作任意直线 AC,用直尺在 AC 上从点 A 起截取任意长度的五等分,$1'$、$2'$、$3'$、$4'$、$5'$ 点

b)连 $B5'$,然后过其他点分别作直线平行于 $B5'$,得交 AB 于4个等分点,即为所求

图1.3-4 分线段为五等分

思考与练习

一、选择题

1. 图幅中的图框线应该用( )绘制。
   A. 粗实线　　　　B. 中实线　　　　C. 细实线　　　　D. 虚线
2. 标注尺寸时,尺寸数字的大小一般应选( )。
   A. 3.5 号字　　　B. 5 号字　　　　C. 7 号字　　　　D. 10 号字
3. 绘制投影图的规律是( )。
   A. 长对正　　　　B. 宽相等　　　　C. 高平齐　　　　D. 长对正、高平齐、宽相等
4. 正平线应平行于( )投影面。
   A. 正面　　　　　B. 水平面　　　　C. 侧立面　　　　D. 任意面
5. 国家标准规定的图幅规定有( )。
   A. 三种　　　　　B. 四种　　　　　C. 五种　　　　　D. 六种

二、名词解释

1. 点的垂直规律　　2. 高程投影法　　3. 断面图

三、问答题

1. 图纸幅面有哪几种规格?它们之间有什么关系?
2. 什么叫比例?举例说明比例的具体含义。
3. 在进行尺寸标注时应注意哪些问题?
4. 圆弧连接的作图步骤是什么?
5. 利用圆规和直尺怎样三、六等分圆周?
6. 绘图的基本步骤有哪些?

项目二　基本体投影图的绘制

任务一　投影的概念及物体的三面投影

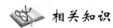 学习目标

(1)认知投影的概念、分类及应用。
(2)认知正投影的特性。
(3)认知三面投影的形成及三面投影的规律。
(4)能够画出几何体的三面投影。

任务描述

本任务的目的是使学生理解投影法,掌握物体三面投影的形成。学生能够根据老师的讲授,在已有几何知识的基础上,理解投影法的基本概念,掌握投影的分类,掌握正投影的投影特性,掌握三面投影体系的形成,以及物体三面投影的绘制。

本任务要求学生能够正确绘制物体的三面投影。

相关知识

一、投影的概念

1.投影法、投射线、投影面、投影图的概念

当太阳光或灯光照射物体时,墙壁上或地面上会出现物体的阴影,这个阴影为影子。从这一现象中可看出,影子和形体之间存在着对应关系。如图 2.1-1 所示,影子是呈现在平面上的形状,而物体是三维的空间形体,说明用二维平面上画出的图形,可以表达三维空间的形体。投影法就源自这种现象。我们称光源为投影中心,把形成影子的光线称为投射线,把承受投影图的平面称为投影面,在投影面上所得到的图形称为投影图。

投射线、形体和投影面是形成投影的三要素,如图 2.1-2 所示,三者之间有着密切的关系。

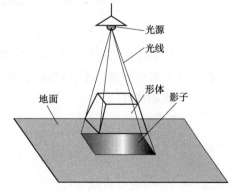

图 2.1-1　影子与投影

2.投影的分类

按投射线的不同情况,投影可分为中心投影法和平行投影法两大类。

1) 中心投影

投射线都从一点(投影中心)引出,在投影面上作出形体投影的方法称为中心投影法,所得的投影称为中心投影。如图2.1-3所示。

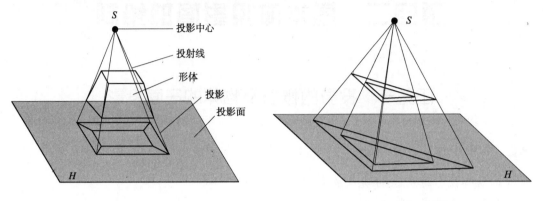

图2.1-2 投影三要素　　　　　图2.1-3 中心投影

2) 平行投影

投射线相互平行的投影法称为平行投影法,所得到的投影称为平行投影。根据投射线和投影面的相对位置,平行投影法又可分为以下两种。

(1) 斜投影法——投射线与投影面斜交。由斜投影法得到的投影称为斜投影。如图2.1-4所示。

(2) 正投影法——投射线与投影面垂直。由正投影法得到的投影称为正投影。如图2.1-5所示。

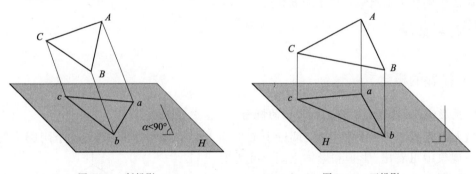

图2.1-4 斜投影　　　　　图2.1-5 正投影

正投影的优点是作图简便、度量性好,大多数的工程图都是采用正投影法绘制。所以正投影法是本教材研究的主要对象,后文凡未作特别说明的,都属正投影。

3) 正投影特性

(1) 类似性

①点的投影仍是点。

②直线的投影一般情况下仍为直线,当直线段倾斜于投影面时,其正投影短于实长。如图2.1-6所示,通过直线 AB 上各点的投射线,形成一平面 $ABba$,它与投影面的交线 ab 即为 AB 的投影。

③平面的投影在一般情况下仍为平面,当平面倾斜于投影面时,其正投影小于实形,如图2.1-7所示。

· 18 ·

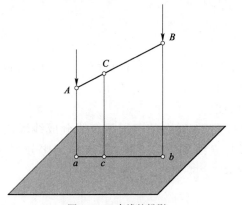
图 2.1-6 直线的投影

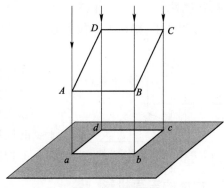
图 2.1-7 平面投影

(2) 实形性

平行于投影面的直线和平面，其投影反映实长和实形。如图 2.1-8 所示，直线 AB 平行于水平投影图，其投影 $ab = AB$，即反映 AB 的真实长度。如图 2.1-9 所示，平面 $ABCD$ 平行于投影面，其投影 $abcd$ 在投影面内反映 $ABCD$ 的大小。

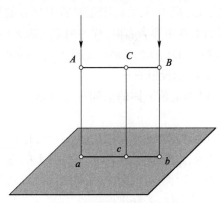
图 2.1-8 直线的平行投影

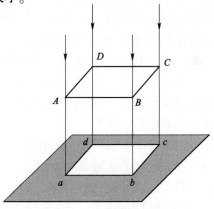
图 2.1-9 平面的平行投影

(3) 积聚性

垂直于投影面的直线，其投影积聚为一点；垂直于投影面的平面，其投影积聚为一条直线。

如图 2.1-10 所示，直线 AB 垂直于投影面，其投影积聚为一点 $a(b)$。如图 2.1-11 所示，平面 $ABCD$ 垂直于投影面，其投影积聚为一条直线 $dc(ab)$。

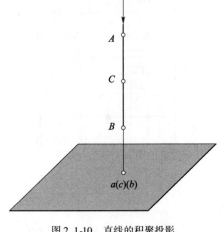
图 2.1-10 直线的积聚投影

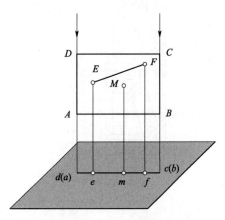
图 2.1-11 平面的积聚投影

（4）从属性

若点在直线上,则该点的投影必在该直线的投影上。

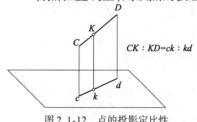

图 2.1-12　点的投影定比性

若点或直线在平面上,则该点或该直线的投影必在该平面的投影上。

（5）定比性

点在直线上,直线上的点把该直线分成线段之比等于点的投影分直线的投影之比,即点的定比分割性,如图 2.1-12 所示。

二、物体的三面投影

1. 三面投影体系的形成

图 2.1-13 表示三个形状不同的形体,但在同一投影面上的投影却是相同的,这说明仅有一个投影不能准确地表示形体的形状。因此,一般把形体放在三个互相垂直的平面所组成的投影面体系中进行投影,见图 2.1-14。在三面投影体系中,设置三个相互垂直的平面作为三个投影面,把水平放置的平面称为水平投影面(简称水平面,用 H 表示),把正对着观察者的投影面称为正立面投影(简称立面,用 V 表示),第三个投影面在观察者右侧,称为侧立投影面(简称侧面,用 W 表示),三投影面两两相交构成三条投影轴 OX、OY、OZ,三轴的交点 O 称为原点。

上述所得的 H、V、W 三个投影图就是形体最基本的三面投影图。

在通常情况下,根据形体的三面投影图,就可以确定该形体的空间位置和形状。

2. 三面投影体系的展开

为了使三个投影图能画在一张图纸上,按照国家标准规定,正面保持不动,把水平面向下旋转 90°,把侧面向右旋转 90°。如图 2.1-15 所示,这样就得到在同一平面上的三面投影图(或称三视图)。为了简化作图,在三面图中不画投影面的边框线,视图之间距离可根据需要确定;视图名称也不必标出,三条轴线也可省去。如图 2.1-16 所示。

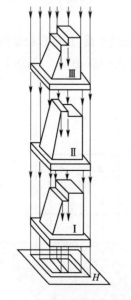

图 2.1-13　一个投影图不能确定形体的空间位置

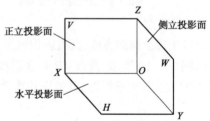

图 2.1-14　三面投影体系

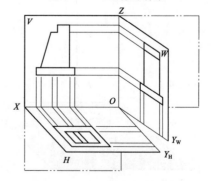

图 2.1-15　三面投影图的展开

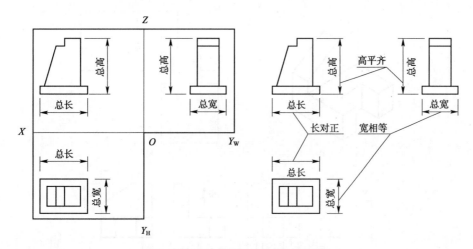

图 2.1-16 三面投影图的形成及投影规律

3.三面投影体系的相对位置关系

(1)投影中的长、宽、高和方位关系

每个形体都有长度、宽度、高度或左右、前后、上下三个方向的形状和大小变化。形体左右两点之间平行于 OX 轴的距离为长度;上下两点之间平行于 OZ 轴的距离称为高度;前后两点平行于 OY 轴的距离称为宽度。

每个投影图只反映其中两个方向关系:H 面投影反映长度和宽度、左右(X 轴)、前后(Y 轴);V 面投影反映长度和高度、左右、上下(Z 轴);W 面投影反映高度和宽度、上下、前后。

(2)投影位置的配置关系

根据三个投影面的相对位置及其展开的规定,三面投影图的位置关系是:以立面图为准,平面图在立面图的正下方,左侧面图在立面图的正右方。

(3)投影图的三等关系

立面图和平面图都反映了形体的长度,立面图和左侧面图都反映了形体的高度,平面图和左侧面图都反映了形体的宽度,因此三面投影图间存在下述关系,如图 2.1-16 所示。

①V、H 两面投影图中的相应投影长度相等,即长对正。

②V、W 两面投影图中的相应投影高度相等,即高平齐。

③H、W 两面投影图中的相应投影宽度相等,即宽相等。

"长对正、高平齐、宽相等"是三面投影图最基本的投影规律,它不仅适用于整个形体的投影,也适用于形体的每个局部的投影。

注意:以正立投影图(立面图)为准,水平投影图(平面图)在立面图的正下方,侧立投影图(左侧投影图)在立面图的正右方。这种配置关系不能随意改变。

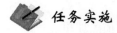 **任务实施**

任务:根据立体图画出形体的三面投影图。

一、分析

图 2.1-17 所示形体左端缺口的三个投影,符合长对正、高平齐、宽相等这一规律。在应用这一投影规律看图和画图时,必须注意形体的前后位置在视图上的反映。

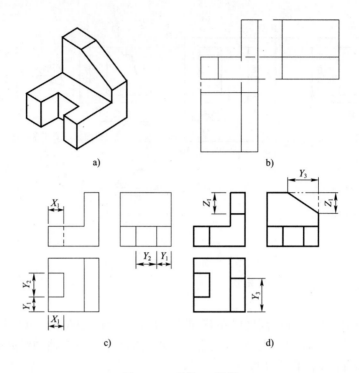

图 2.1-17 形体三面投影

在平面图和侧面图中靠近立面图的一侧都反映形体的后面,远离立面图的一侧都反映形体的前面,因此,在根据宽相等作图时,不仅要注意量取尺寸起点,而且要注意量取尺寸方向。

二、画图

这个形体是在弯板的左端中剖开了一个方槽,右边切去一角后形成的。其画图步骤如下:

(1)画弯板的三面投影图,见图 2.1-17b)。先画反映弯板特征的正面图,然后根据投影规律画出平面图和侧面图。

(2)画左端方槽的三面投影图,见图 2.1-17c)。由于构成方槽的三个平面的水平投影都积聚成直线,反映了方槽的形状特征,所以应先画其水平投影。

(3)画右边切角的投影图,见图 2.1-17d)。由于被切角形成的平面垂直于侧面,所以应先画出其侧面投影,根据侧面投影画水平投影时,要注意量取尺寸的起点和方向。

三、画图要求

(1)先用 2H 铅笔轻而细地画出底图,待初稿完成并校对无误后,方可描黑加粗。
(2)同一种图线必须是同一种规格,即线宽、间隔都应该一致。
(3)做到投影正确,视图选择恰当。
(4)完成的质量应达到以下要求:
①图线清晰;
②图面整洁。

任务二 点、直线、平面的投影

学习目标

(1)认知点、直线、平面的投影特性;认知相贯线、截交线的基本性质。

(2)能够判断点的投影与坐标之间的关系以及两点之间的相对位置;能够判别重影点的可见性;能够判别直线的相对位置;能够判别平面与投影面的相对位置。

(3)能够画出简单形体的截交线和相贯线。

任务描述

当研究空间物体在平面上如何用图形来表达时,因空间物体的形状、大小和相互位置等不相同,不便以个别物体来逐一研究,并且为了使得研究正确、深刻和完全,以及所得结论能广泛地应用于所有物体起见,特采用几何学中将空间物体综合概况成抽象的点、线、面等几何元素来研究物体的投影特性。

本任务要求学生能够根据点的投影规律绘制点的三面投影;能够判断点的投影与直角坐标之间的关系;能够根据投影判断点的前后、左右、上下的位置关系及判定重影点的可见性;能够正确绘制直线的投影,以及直线上的点的投影;能够根据投影判断两直线的相对位置;能够正确绘制平面的投影,以及平面上点、直线的投影。

相关知识

一、点的三面投影

1.点的三面投影的形成及规律

(1)投影的形成

如图 2.2-1a)所示,在三面投影体系中有一点 A,自 A 点分别向 H、V、W 面作垂线,三个垂足便是 A 点在三个投影面上的投影 a、a'、a''。

注意:规定空间点用大写字母标记,如 A;水平面投影用小写字母表示,如 a;正面投影用右上角带一撇的相应小写字母表示,如 a';侧投影面用右上角带两撇的相应小写字母表示,如 a''。

投影面展开时,仍规定 V 面不动,而将 H 面和 W 面分别按图 2.2-1b)箭头所示的方向绕投影轴 OX、OZ 旋转 90°与 V 面共面,便得到 A 点的三面投影图,如图 2.2-1c)所示。此时,Y 轴一分为二,随 H 面旋转后的 OY 轴标记为 OY_H;随 W 面旋转后的 OY 轴标记为 OY_W。

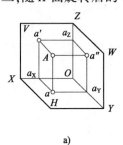 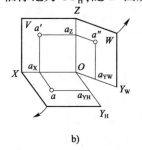 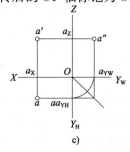

a)   b)   c)

图 2.2-1 点的三面投影

（2）点投影规律

如图 2.2-1a)所示,投影线 Aa 和 Aa' 构成的平面 Aaa_Xa' 垂直于 H 面和 V 面,则必垂直于 OX 轴,因而 $aa_X \perp OX, a'a_X \perp OX$。当 a 随 H 面绕 OX 轴旋转与 V 面平齐后,a、a_X、a' 三点共线,且 $a'a \perp OX$ 轴,如图 2.2-1c)所示。同理可得,点 A 的正面投影与侧面投影的连线垂直于 OZ 轴,即 $a'a'' \perp OZ$。

综上所述,点的三面投影规律如下。

① 垂直规律：

点的正面投影和水平投影的连线垂直于 OX 轴,即 $a'a \perp OX$；

点的正面投影和侧面投影的连线垂直于 OZ 轴,即 $a'a'' \perp OZ$；

点的水平投影和侧面投影的连线垂直于 OY 轴,由于 OY 轴分为 OY_H 和 OY_W,故 $aaY_H \perp OY_H$, $a''a_{YW} \perp OY_W$。

② 相等规律：

点到某一面投影的距离等于点在另两投影面上的投影到相应投影轴的距离,即：

$A \rightarrow$ 距离 $V = Aa' = aaX = a''aZ$；

$A \rightarrow$ 距离 $H = Aa = a'aX = a''aYW$；

$A \rightarrow$ 距离 $W = Aa'' = a'aZ = aaYH$。

以上所述是空间任意一点的三面投影所具有的基本关系,因而也是三面投影中最基本的投影规律。

从以上分析可知,只要已知 A 点的任何两个投影,便可得知 A 点到三个投影面的距离,从而确定 A 点在三面投影体系中的空间位置。这就是说,在投影图上已知点的两个投影就可根据投影规律求出点的第三个投影。

2. 点的三面投影与点的坐标的关系

如果把三面投影体系当作直角坐标系,把投影轴当作坐标轴,O 点当作坐标原点,则三面投影体系即可视为直角坐标系[图 2.2-2a)]。

从图 2.2-2a)中可以看出：A 点到 W 面的距离 $= Oa_X = X$ 坐标, A 点到 V 面的距离 $= Oa_Y = Y$ 坐标, A 点到 H 面的距离 $= Oa_Z = Z$ 坐标,因此,若已知一点的三坐标 (X, Y, Z),就可据此确定它的三投影。反之,点的三面投影与点的坐标关系为：

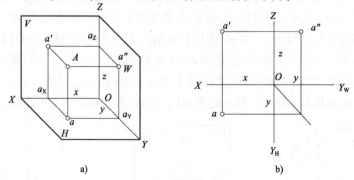

图 2.2-2　点的投影与坐标

点 A 的水平投影 a 反映该点的 X、Y 坐标值；

点 A 的正面投影 a' 反映该点的 X、Z 坐标值；

点 A 的侧面投影 a'' 反映该点的 Y、Z 坐标值。

故只要已知点的两投影,第三投影就可求出,从而可以确定点的空间位置。

3. 两点的相对位置

(1) 两点的相对位置

两点的相对位置是指空间两点在三面投影体系中相对 H 面的上下、相对 V 面的前后和相对 W 面的左右关系。

V 面投影的 X、Z 值反映了两点的左右、上下关系；

H 面投影的 X、Y 值反映了两点的左右、前后关系；

W 面投影的 Y、Z 值反映了两点的前后、上下关系。

如图 2.2-3 中，因 $X_A > X_B$，故 A 点在 B 点的左面，$Y_A > Y_B$，故 A 点在 B 点的前面，$Z_A < Z_B$，故 A 点在 B 点的下面；即空间 A 点位于 B 点的左前下方。三个方向的差值分别为 ΔX、ΔY、ΔZ。

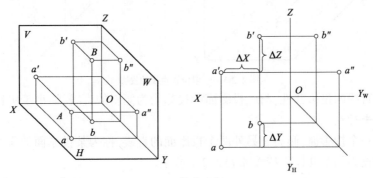

图 2.2-3 两点的相对位置

(2) 重影点及其可见性的判断

图 2.2-4 中，A、B 两点位于垂直 V 面的同一投射线上，两点的 V 面投影相重合，所以称为重影点。

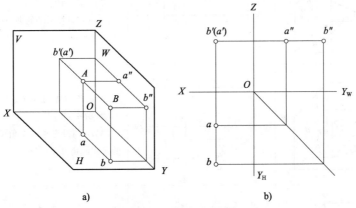

a)　　　　　　　　　　　　b)

图 2.2-4 重影点的可见性

判别重影点的可见性时，可用比较两点的不重影的同面投影的坐标值来判断，坐标值大的点可见，坐标值小的点的投影被遮挡而不可见，用小括号括起来以示区别。

二、直线的投影

由几何学可知，两点确定一直线。因此，要作直线的投影，只需画出直线上任意两点（通常取线段两端点）的投影，然后将其同面投影连接即得直线的投影。根据直线与投影面的相对位置可分为：

$$\text{直线}\begin{cases}\text{特殊位置直线}\begin{cases}\text{投影面平行线:平行于一个投影面的直线}\\\text{投影面垂直线:垂直于一个投影面的直线}\end{cases}\\\text{一般位置直线:倾斜于各个投影面的直线}\end{cases}$$

1. 投影面的一般位置直线

对三个投影面都不平行且不垂直的直线称为一般位置直线,如图2.2-5所示。

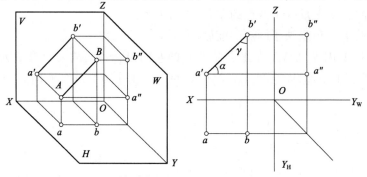

图2.2-5 一般位置直线的投影

一般位置直线的投影共性:与三投影面的投影均为倾斜的直线,均小于实长。

2. 投影面平行线

只平行于一个投影面,倾斜于另外两个投影面的直线,称为某投影面的平行线。各种投影面平行线的投影图及其投影特性如表2.2-1所示。

投影面平行线　　　　　　　　　　　　　　表2.2-1

名称	立 体 图	投 影 图	投 影 特 性
正平线			(1) ab // OX 轴,$a''b''$ // OZ 轴; (2) $a'b' = AB$; (3) $a'b'$ 与投影轴的夹角反映直线与 H、W 面的真实倾角 α、γ
水平线			(1) $c'd'$ // OX 轴,$c''d''$ // OY 轴; (2) $cd = CD$; (3) cd 与投影轴的夹角反映直线与 V、W 面的真实倾角 β、γ
侧平线			(1) $e'f'$ // OZ 轴,ef // OY_H 轴; (2) $e''f'' = EF$; (3) $e''f''$ 与投影轴的夹角反映直线与 H、V 面的真实倾角 α、β
共性	(1) 直线在所平行的投影面上的投影反映实长(实形投影),该投影与投影轴的夹角反映了直线与其余两投影面的夹角; (2) 直线的其余两投影均平行于该直线所平行的投影面边界上的两投影轴,均小于实长		

平行于 H 面的直线称为水平面平行线,简称水平线;平行于 V 面的直线称为正平面平行线,简称正平线;平行于 W 面的直线称为侧平面平行线,简称侧平线。现以正平线为例,讨论其投影特性,如图 2.2-6 所示。

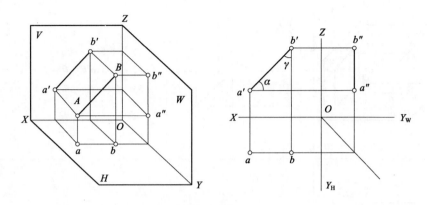

图 2.2-6　正平线的投影特性

(1)因为 AB//V 面,正平线的正面投影反映实长(称实形投影),即 $a'b'=AB$,且 $a'b'$ 与投影轴的夹角反映了直线与 H、W 面的实际倾角 α、γ。

(2)因为 AB 上各点到 V 面的距离都相等,所以正平线的水平投影平行于 OX 轴,即 ab//OX 轴;同理,正平线的侧面投影平行于 OZ 轴,即 $a''b''$//OZ 轴。

各种投影面平行线的投影图及其投影特性归纳如表 2.2-1 所列。

3. 投影面垂直线

与某一个投影面垂直的直线称为投影面垂直线,垂直于一个投影面,必平行于另两个投影面。垂直于 H 面的直线称为水平面垂直线,简称铅垂线;垂直于 V 面的直线称为正平面垂直线,简称为正垂线;垂直于 W 面的直线称为侧平面垂直线,简称为侧垂线。

现以铅垂线为例,讨论其投影特性,如图 2.2-7 所示。

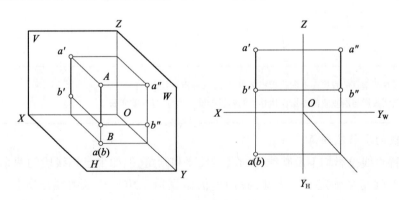

图 2.2-7　铅垂线的投影特性

(1)因铅垂线⊥H 面(α=90°),水平投影积聚为一点(又称点视投影)。

(2)$a'b'$⊥OX 轴且反映实长,β=0°。

(3)$a''b''$⊥OY 轴且反映实长,γ=0°。

各种投影面垂直线的投影图及其投影特性归纳如表 2.2-2 所列。

投影面垂直线　　　　　　　　表2.2-2

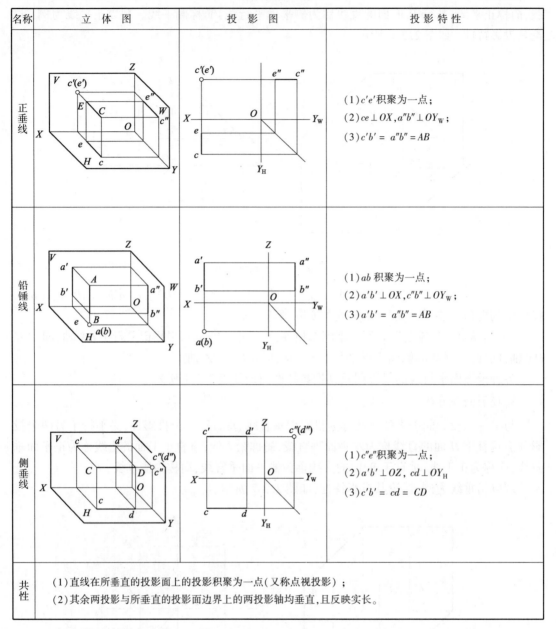

4. 求线段的实长及倾角

一般位置直线投影均不反映线段的真实长度和倾角,但如果已知线段的两个投影,则线段的空间位置就完全确定了。为此,我们可依据直角三角形法求解线段实长及与投影面倾角。

如图2.2-8所示,过B点作BC∥ab,则得直角三角形ABC,线段AB是该三角形的斜边,$\angle ABC$即为线段AB对H面的倾角α,直角三角形的一个直角边$BC=ab$,另一个直角边AC等于B点和A点的高低之差,即坐标差$\Delta Z_{AB}=Z_A-Z_B$,这些数值都可以从已知线段的投影图[图2.2-8b)]上量得。因此,若利用线段的水平投影ab以及两端点A和B的Z坐标差($\Delta Z_{AB}=Z_A-Z_B$)作为两个直角边,作出直角三角形,即可求出线段实长及倾角α。

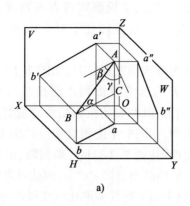 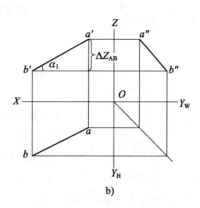

a)   b)

图 2.2-8   一般位置直线

  这种利用直角三角形求一般位置直线的实长及倾角的方法称为直角三角形法。其要点是以线段的一个投影为直角边,以线段两端点相对于该投影面的坐标差为另一直角边,所构成的直角三角形的斜边即为线段实长,斜边与线段投影之间的夹角即为直线对该投影面的倾角。

  构成直角三角形共有 4 个参数:①直线段实长;②该直线段在某投影面上的投影;③该直线段两端点相对于该投影面的坐标差;④该直线段对该投影面的倾角。只要知道其中任意两个参数,直角三角形即可确定,也即可求出另外两个参数,其对应关系如表 2.2-3 所列。

直角三角形法求线段实长及倾角   表 2.2-3

直线的投影(直角边)	坐标差(直角边)	实长(斜边)	倾 角
H 投影面 ab	ΔZ	AB	α
V 投影面 $a'b'$	ΔY	AB	β
W 投影面 $a''b''$	ΔX	AB	γ

5. 直线上的点

  点在直线上,则点的各个投影必在直线的同面投影上。点分割线段成定比,其投影也把线段的投影分成相同的比例,即点的定比分割性,如图 2.2-9 所示。

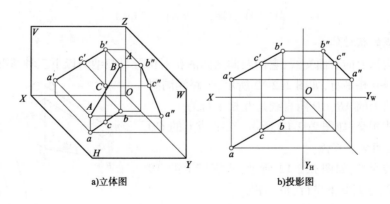

a)立体图   b)投影图

图 2.2-9   直线上的点

直线上点的投影特性:

①从属性: $C \in AB \to c \in ab$; $c' \in a'b'$; $c'' \in a''b''$。

②定比性: $AC/AB = ac/ab = a'c'/a'b' = a''c''/a''b''$。

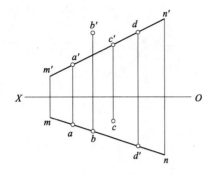

图 2.2-10 直观判别点是否在直线 MN 上

一般情况下,用两个投影即可直观判别点是否在直线上,如图 2.2-10 中,A 点在直线 MN 上,而 B、C、D 点均不在直线 MN 上。

但当直线为特殊位置直线时,如图 2.2-11a) 中侧平线 CD 及点 K,K 的水平投影和正面投影虽都在侧平线 CD 的同投影面上,但点 K 的投影是否分割线段的各同投影面成相同比例,在图中不能明确地反映出来。这时,可以作出其侧面投影[图 2.2-11b)]来判断,由于点的侧面投影 k'' 不在直线的侧面投影 $c''d''$ 上,因此可判定点 K 不在直线 CD 上。也可如图 2.2-11c) 那样,按初等几何中用平行线截取比例线段的方法:

①过任一投影中任一端点如 c 作任意射线为辅助线。

②在辅助线上取 K_0、D_0 两点,使 $CK_0 = c'k'$,$K_0D_0 = k'd'$。

③连 D_0d,再与连 K_0,因 K_0k 不平行于 D_0d(即 $ck:kd \neq c'k:k'd'$),因此可判断 K 点不在直线 CD 上。

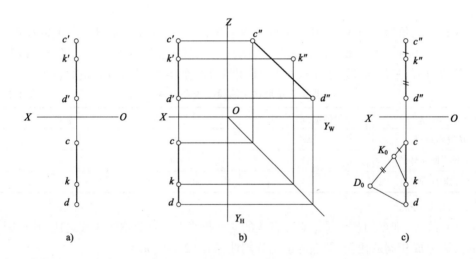

图 2.2-11 判断点 K 是否在直线 CD 上

6. 两直线的相对位置

工程结构物上的表面交线,它们两两之间的相对位置可归纳为以下三种情况:

①两直线互相平行,如图 2.2-12 所示,公路涵洞洞口模型八字墙上的 AB、CD 两直线是互相平行的。

②两直线相交,如图 2.2-12 所示,八字墙上的 CD 与 CE 两直线相交于 C 点。

③两直线交叉,如图 2.2-12 所示,八字墙上的 AB 和 EF 两直线,它们既不平行,也不相交。

现将三种情况分述如下。

(1) 两直线平行

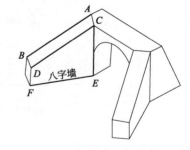

图 2.2-12 涵洞洞口各直线的相对位置

如图 2.2-13a) 所示,两直线 AB//CD,依据初等几何原理即可证明 ab//cd 且 $AB:CD = ab:cd$(平行投影特性)。由此可得出如下结论:若空间两直线相互平行,则其各同投影面必须相互平行且比值不变[图2.2-13b)]。反之,如果两直线的各同投影面相互平行且比值相等,则此两直线在空间也一定相互平行。

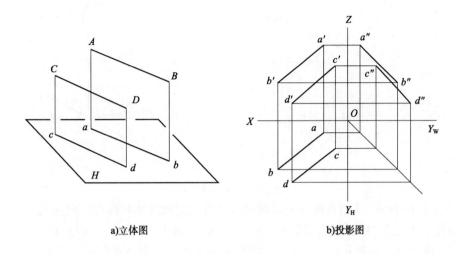

a)立体图　　　　　　　　　　　b)投影图

图 2.2-13　两直线平行

(2)两直线相交

若两直线相交,则它们的各同投影面均相交,并且其交点应符合空间一点的投影规律;反之,亦然。

如图2.2-14 所示,直线 AB 与 CD 相交于 K 点,则在投影图上图2.2-14),ab 与 cd,a'b' 与 c'd' 也必然相交,并且它们的交点 k' 与 k 的投影连线必垂直于 OX 轴。

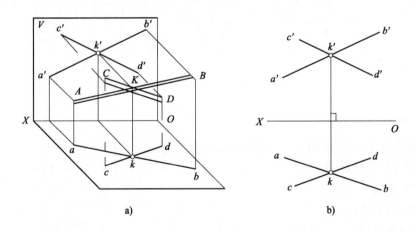

图 2.2-14　两直线相交

(3)两直线交叉

空间两直线若既不平行又不相交时,则称为交叉(又称异面直线)。交叉两直线的同投影面也可能相交,但各个投影的交点不符合一点的投影规律。图2.2-15 所示为两交叉直线的情况。

从图2.2-15 可以看出,两直线 AB 和 CD 的水平投影的交点,实际上是空间两点的投影重合,即 AB 上的 Ⅰ 点与 CD 上的 Ⅱ 点在 H 投影面中的重影点,同样,正面投影的交点也是空间直线 CD 上的 Ⅲ 点与 AB 上的 Ⅳ 点在 V 面上的重影点。

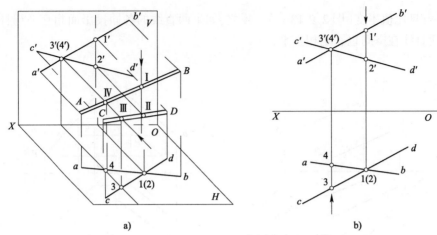

图 2.2-15 两直线交叉

如图 2.2-16 所示,应用重影点可以判别两直线在空间的相对位置。例如水平重影点 1、2 的正面投影 1′比 2′高,所以当我们从上向下观察时,属于 AB 的 Ⅰ 点可见,属于 CD 的 Ⅱ 点则不可见(可用小括号括起以示区别),亦即 AB 在 CD 的上方经过该处。正面重影点 3′、4′的水平投影 3 比 4 离观察者较近,所以当我们从前向后观察时,Ⅲ 点可见,Ⅳ 点不可见(用括号括起以示区别),亦即 CD 在 AB 的前方经过该处。

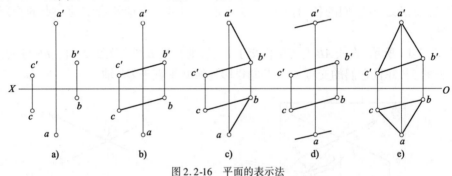

图 2.2-16 平面的表示法

三、平面的三面投影

由平面几何可知,平面的空间位置可由以下方式确定:
(1)不在同一直线上的三点;
(2)直线和线外一点;
(3)相交两直线;
(4)平行两直线;
(5)任意平面图形。
用以上几何元素的投影即可表示平面,如图 2.2-16 所示。
在三面体系中,平面对投影面的相对位置可以分为三类:
(1)一般位置平面——倾斜于各个投影面的平面。
(2)投影面平行面——平行于一个投影面的平面。
(3)投影面垂直面——垂直于一个投影面的平面。
后两种平面又统称为特殊位置平面。
平面对 H、V、W 面的倾角(即该平面与投影面所夹的二面角)分别以 α、β、γ 表示。由于平面对投影面相对位置的不同,它们的投影也各有不同的特点。

各类平面投影特性分述如下。

1. 投影面平行面

投影面平行面分三种:平行于 H 面的叫水平面,平行于 V 面的叫正平面,平行于 W 面的叫侧平面。由于水平面同时垂直于 V 面和 W 面,正平面同时垂直于 H 面和 W 面,侧平面同时垂直于 V 面和 H 面,因此投影面平行面是投影面垂直面的特例。

图 2.2-17 为水平投影面,因水平面 $\triangle ABC$ 平行于 H 面,故水平投影反映实形。因水平面必垂直于 V 面和 W 面,故水平面 $\triangle ABC$ 的正面投影和侧面投影都为具有积聚性的直线,且分别平行 OX 轴和 OY 轴。

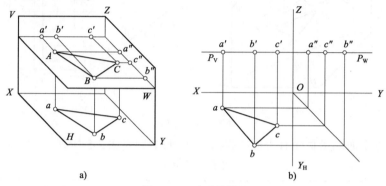

图 2.2-17 水平投影面

正平面、侧平面同水平面有类似的投影特性,归纳如表 2.2-4 所列。

投影面平行面　　　　表 2.2-4

名称	立 体 图	投 影 图	投 影 特 性
水平面			(1) V 面投影积聚成一直线且平行于 OX 轴; (2) W 面投影积聚成直线且平行于 OY_W 轴; (3) H 面投影反映实形
正平面			(1) H 面投影积聚成一直线且平行于 OX 轴; (2) W 面投影积聚成一直线且平行于 OZ 轴; (3) V 面投影反映实形
侧平面			(1) H 面投影积聚成一直线且平行于 OY 轴; (2) V 面投影积聚成一直线且平行于 OZ 轴; (3) W 面投影反映实形
共性	(1) 在所平行的投影面上反映实形; (2) 其他两个投影均积聚为与相应轴平行的直线		

2. 投影面垂直面

投影面垂直面有三种:垂直于 H 面叫铅垂面,垂直于 V 面叫正垂面,垂直于 W 面叫侧垂面。

图 2.2-18 为一铅垂面 $\triangle ABC$。因平面垂直于 H 面,与投射方向一致,故其水平投影积聚为一条直线(又称线视投影),且反映平面对 V、W 面的真实倾角 β、γ,而 $\triangle ABC$ 倾斜于 V、W 面,在 V、W 面上的投影既不积聚,又不反映实形,均为平面 $\triangle ABC$ 的类似形。

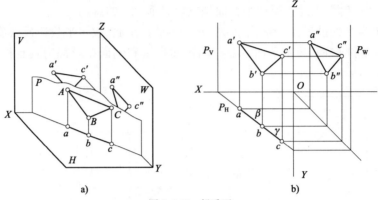

图 2.2-18 铅垂面

正垂面、侧垂面同铅垂面有类似的投影特性,归纳如表 2.2-5 所列。

投影面垂直面 表 2.2-5

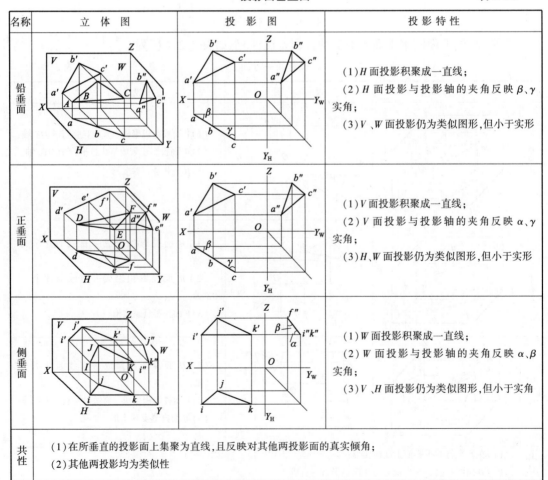

名称	立 体 图	投 影 图	投 影 特 性
铅垂面			(1) H 面投影积聚成一直线; (2) H 面投影与投影轴的夹角反映 β、γ 实角; (3) V、W 面投影仍为类似图形,但小于实形
正垂面			(1) V 面投影积聚成一直线; (2) V 面投影与投影轴的夹角反映 α、γ 实角; (3) H、W 面投影仍为类似图形,但小于实形
侧垂面			(1) W 面投影积聚成一直线; (2) W 面投影与投影轴的夹角反映 α、β 实角; (3) V、H 面投影仍为类似图形,但小于实角
共性	(1) 在所垂直的投影面上集聚为一直线,且反映对其他两投影面的真实倾角; (2) 其他两投影均为类似性		

3. 一般位置平面

一般位置平面与各投影面均处于倾斜位置,所以各投影均无积聚性,也不反映实形,而是比实形小且与实形边数相同的类似形,同时,各投影也不反映该平面对各投影面的倾角(图 2.2-19)。

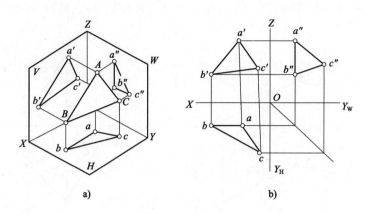

图 2.2-19 一般位置平面

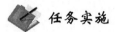 **任务实施**

任务 1:已知 A 点的正面投影 a′ 和侧面投影 a″,求作水平投影,如图 2.2-20 所示。

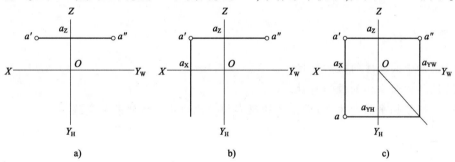

图 2.2-20 点的水平投影

作图:

(1)由 a′ 作 OX 轴的垂线 a′a_X 并延长,见图 2.2-20b)。

(2)由 a″ 作 OY_W 轴的垂线 a″a_{YW} 并延长,并利用过原点 O 的 45°辅助线,作出 A 点的侧面投影 a″ 与水平投影 a 间的投影连线 a″a_{YH},则 a′X 与 a″a_{YH} 的交点即为 A 点的水平投影 a[图 2.2-20c)]。

任务 2:求直线 AB 的 γ 角,如图 2.2-21 所示。

作图:

(1)求出 AB 直线的 W 投影面 a″b″。

(2)以 a″b″ 为直角边,过 a″ 作 a″b″ 的垂线。

(3)在垂线上截 a″k″ = ΔX 为另一直角边,连斜边 b″k″,∠b 即为 AB 的 γ 角。

任务 3:已知 K 点位于相交直线 AB、CD 所确定的平面内,求 K 的 H 投影面。

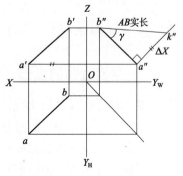

图 2.2-21 求直线 AB 的 γ 倾角

作图:已知 K 点在某一平面内,则它必在平面内过该点的任一直线上。因此,可首先在平面上过 k' 点作一辅助线 k'g',则所求的 k 必在 KG 的水平投影 kg 上(图 2.2-22)。

任务 4:在 △ABC 平面内过 A 点作水平线 AD(图 2.2-23)。

作图:由于 AD 为水平线,故其正面投影必平行于 OX 轴,先由 a' 作 a'd' ∥ OX 轴,即得水平线 AD 的正面投影,a'd' 和 b'c' 交于 d',在 bc 上求得相应的 d 点,连接 ad 即为水平线 AD 的水平投影。

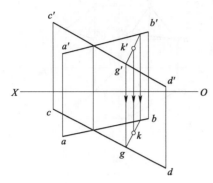 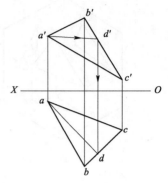

图 2.2-22 平面内取点　　　　图 2.2-23 补全字母 F 的平面图

任务三　基本体的投影

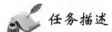 学习目标

(1)认知平面立体的投影特性。
(2)认知曲面立体的投影特性。
(3)能够根据平面立体、曲面立体的投影特性画出基本体的表面交线。

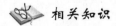 任务描述

工程上的形体无论多么复杂,均可以看成由一些简单几何体按一定方式组合而成。这些简单几何体称为基本体。根据表面性质的不同,基本体可分为两大类:平面立体和曲面立体。

本任务要求学生在掌握常见基本体的类型及投影特性的基础上能够画出工程常见基本体的三面投影图。

相关知识

一、平面立体的投影

基本体是由各种形状的表面所围成,根据其表面性质的不同,可分为平面立体和曲面立体两类。平面立体的表面都是平面,曲面立体的表面是曲面或曲面与平面。本任务主要讨论立体的投影及立体表面取点、取线的方法。

平面立体由若干多边形所围成,因此,绘制平面立体的投影,可归结为绘制它的所有多边形表面的投影,也就是绘制这些多边形的边和顶点的投影。多边形的边是平面立体的轮

廓线,分别是平面立体的每两个多边形表面的交线。当轮廓线的投影为可见时,画粗实线;不可见时,画虚线;当粗实线与虚线重合时,应画粗实线。工程上常见的平面立体有棱柱和棱锥(包括棱台)两种。

1. 棱柱的投影

图 2.3-1 是一个正五棱柱的立体图和投影图。它的顶面和底面都是水平面,它们的边分别都是 4 条水平线和 1 条侧垂线,棱面是 4 个铅垂面和 1 个正平面,棱线是 5 条铅垂线。图 2.3-1b)是正五棱柱的投影图,请读者自行阅读分析棱线和棱面的投影及其可见性。

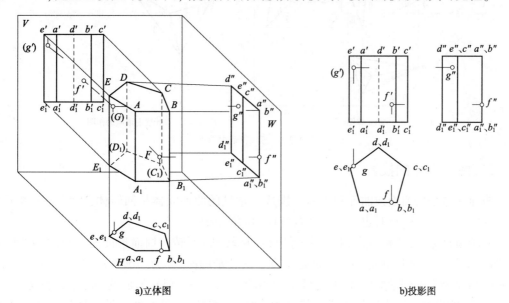

图 2.3-1 正五棱柱的投影

棱柱表面取点:在五棱柱最前的棱面上有一点 F,左后棱面上有一点 G。在 V 面投影中,f'在前棱面上为可见,$(g)'$在左后棱面上为不可见。在 W 面投影中,g''位于左后的棱面上为可见,f、f'' 和 g 等点,均为棱面的积聚性投影。

2. 棱锥的投影

如图 2.3-2b)所示,已知三棱锥的三面投影及其表面上的点 D 和 E 的一个投影 d' 和 e,求点 D、E 的另外两个投影。

分析:从已知的投影图可知:点 D 在 $\triangle SAB$ 棱面上,此棱面三个投影都可见,所以 D 点的三个投影均可见。点 E 在 $\triangle SBC$ 棱面上,此棱面的 V、H 面投影为可见,W 面投影为不可见,所以 e'、e 为可见,e''为不可见。为求点的投影,作图方法有两种:一种是过点在锥面上作水平线来求作,另一种是过锥顶和点作锥面上一直线来求作,具体步骤如下。

作图[图 2.3-2b)]:

(1) 求 d、d'':在 V 面过 d' 作 $1'2'/\!/a'b'$,分别在 H、W 面得 $12/\!/ab$、$1''2''/\!/a''b''$,即得 $I II$ 直线的 H、W 面投影 12、$1''2''$。根据长对正、宽相等关系即可在 12 线上得 d,在 $1''2''$ 线上得 d''。

(2) 求 e'、e'':在 H 面过锥顶 S 和 e 作直线交 bc 于 3 点,根据点的投影关系即可定出 $3'$、$3''$两投影,连 $S'3'$、$S''3''$在其上即可求出 e'、e''两投影,如图 2.3-2b)所示。

(3) 判别可见性:由于 $\triangle SAB$ 棱面 H、W 面均可见,所以 d、d''两投影也可见。而 $\triangle SBC$ 棱面 V 面可见,W 面不可见,所以 e'可见,e''不可见,故 e''用括号括起来,如图 2.3-2b)所示(e'')。

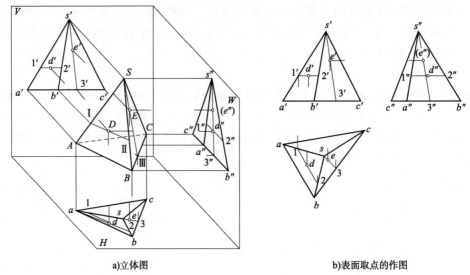

a)立体图　　　　　　　　b)表面取点的作图

图 2.3-2　三棱锥表面取点

二、曲面立体的投影

曲面立体是由曲面或曲面和平面所围成。常见的曲面立体是回转体,工程上用得最多的是圆柱、圆锥和球,有时也用到环和具有环面的回转体。

回转面是母线(直线或曲线)绕其直导线(回转轴)回转一周而形成的。它的基本性质是,母线上任一点的回转运动轨迹都是垂直于回转轴的圆,称为纬圆 N,如图 2.3-3a)所示。纬圆的半径等于点到轴的距离,其母线上距离轴最近的一点回转形成的最小的纬圆 Q,称为喉圆,距离轴最远的一点回转形成的纬圆 P,称为赤道圆,而母线的两端点回转形成了上底圆 A 和下底圆 B,回转曲面上的素线称为经线(m'),而平行于 V 面的经线则称为主经线(l')。如图 2.3-3b)所示,当轴线垂直 H 面时,所有纬圆的 H 面投影均为实形圆,喉圆为内轮廓线圆,赤道圆为外轮廓线圆,而主经线是 V 面的外轮廓线。

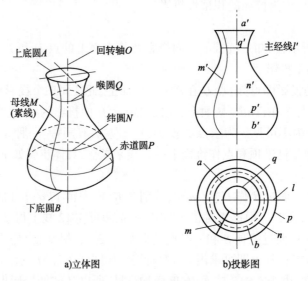

a)立体图　　　　　b)投影图

图 2.3-3　回转曲面

已知曲面上点、线的一个投影,求作其他投影的方法原则上与在平面上取点、取线作法相同。如点位于曲面的投影轮廓线上,可根据其投影位置直接在"线"上取点,如表2.3-1各回转面上的Ⅰ、Ⅱ点。

若点位于曲面上一般位置时,则需先过点在曲面上作辅助线,再求其上点的投影。为作图简便,对直线面可取素线作辅助线,称为素线法,如表2.3-1 圆柱面、圆锥面上的Ⅲ点(正圆柱面因H面投影积聚,可省略作辅助线)。由于回转曲面的特点,也可选用点自身运动轨迹——纬圆作为辅助线,又称纬圆法,如圆锥面上Ⅳ点采用纬圆法作出。

对于曲线面,辅助线只能选用平行于投影面的经线或纬圆来作,如球面的Ⅲ点。若要判别曲面上点的可见性,需由所属曲面的投影可见性来确定:可见曲面上的点均可见,不可见曲面上的点不可见。投影轮廓线上的点均属可见。如表2.3-1中柱面上Ⅰ点,由于V面投影位于最右轮廓线上,为可见点,又由于位于右半柱面上,W面投影为不可见点。锥面上Ⅲ点因位于前半锥面上,又属于左半锥面上,故其V、W两投影均属可见点。其他面上各点可见性可依次分析。

圆柱、圆锥、球面的形成、投影特性及面上取点　　　　表2.3-1

名称	形成	投影图	投影特性	曲面上取点
圆柱面	直母线AA_1绕与之平行的轴线旋转而成		(1)H面投影为圆,是所有素线点视投影的集合。 (2)V面、W面投影为相等的矩形。 (3)AA_1、BB_2为柱面上最左、最右素线,是V面投影轮廓线和前、后半柱面的分界线(即投影可见性分界线),其W面投影与轴线重影,不画出。 (4)CC_1、DD_1为柱面上最前、最后素线,是W面投影轮廓线和左、右半柱面的分界线(即投影可见性分界线),其V面投影与轴线重影,不画出	利用H面积聚投影及点的投影规律直接作出,如Ⅰ、Ⅱ、Ⅲ点
圆锥面	直母线SA绕与之相交的轴线旋转而成		(1)H面投影为顶点与底圆的投影。 (2)V、W面投影为相等的等腰三角形。 (3)SA、SD为锥面上最左、最右素线,是V面投影轮廓线和前、后半锥面的分界线(即投影可见性分界线),其W面投影与轴线重影,不画出。 (4)SC、SD为锥面上最前、最后素线,是W面投影轮廓线和左、右半锥面分界线(即投影可见性分界线),其V面投影与轴线重影,不画出	(1)特殊位置的点,如投影轮廓线上Ⅰ、Ⅱ点,直接作出。 (2)一般位置点,采用辅助平行圆线法作出,如Ⅲ点

续上表

名称	形成	投影图	投影特性	曲面上取点
球面	圆母线绕自身直径旋转而成		三面投影均为等直径(球径)的圆,并分别为球面对V面、H面、W面的三条投影轮廓线圆,即主经圆A、赤道圆B和过球心的侧平圆C的实形投影。各圆的其他二线视投影分别与相应的中心线重影,均不画出。A、B、C三圆线分别为前、后半球面、上、下半球面与左、右半球面的分界线,也是投影可见性的分界线。	(1)特殊位置的点,如投影轮廓线上的Ⅰ、Ⅱ点,直接作出。 (2)一般位置点,采用辅助平行圆线法作出,如Ⅲ点。

三、基本体表面交线

1. 截交线

平面与立体相交,即立体被平面所截。截切立体的平面称为截平面,截平面与立体表面的相交线称为截交线,由截交线所围成的图形称为截断面,如图2.3-4所示。基本体被截断后再组合可形成多种复杂的组合体,工程上的许多结构物可看作是由多个基本体经截切再组合而成的。截交线的基本性质如下:

①截交线是截平面与立体表面的共有线;
②截交线是封闭的平面图形。

(1)平面与平面立体相交

一般情况下,平面与平面立体相交的截交线是闭合的平面折线,即平面多边形,多边形的各边是截平面与立体相应棱面的交线,多边形的顶点是截平面与立体相应棱线的交点。因此平面立体的截交线,就是求出截平面与平面立体上各被截棱线的交点,然后依次连接即得截交线。如图2.3-5所示,画四棱柱与平面相交的截交线。

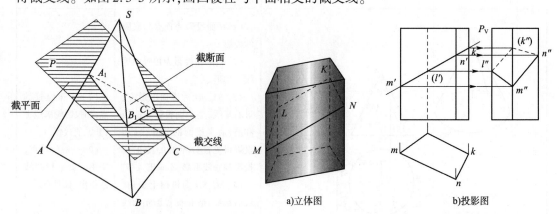

图2.3-4 平面与三棱锥相交　　图2.3-5 四棱柱与平面相交

分析: 截平面与四棱柱的截交线为一封闭的平面四边形MNKL,截交线上M、N、K、L四个点为P平面与棱柱的4条棱线的交点。

因为 MNKL 在正垂面 P 上,其 V 面投影有积聚性,与 P_V 重合。它的 H 面投影与四棱柱的 H 面投影重合,只需要求其侧面投影,可利用积聚性作图。

作图步骤如下:

①在有积聚性的 V、H 两投影面上直接求出截交线上各点的正面投影 m'、n'、k'、(l') 和水平投影 m、n、k、l。

②根据两面投影且点在其对应的线上求出其侧面投影 m''、n''、(k'')、l''。

③顺次连接各点即为所求截交线,如图 2.3-5b)所示。

(2)平面与曲面立体相交

在工程上的一些构件中,常遇到平面与回转体表面相交,如图 2.3-6 所示涵洞洞口端墙与拱圈的交线,就是平面与圆柱的交线。

平面与曲面立体相交时,截交线是封闭的平面曲线,或曲线和直线组成的平面图形,或平面多边形。求平面与曲面体交线的实质是如何确定出属于曲面的截交线上的点。求截交线时,应首先求出特殊的点,如截交线上的最高、最低、最前、最后、最左、最右以及可见性的分界点等,以便控制曲线的形状。然后取一些中间位置的一般点作为过渡点,以准确确定截交线的走向,然后把它们顺滑连接起来。

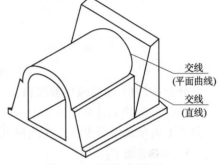

图 2.3-6 平面与曲面相交

根据截平面相对圆柱轴线的位置,平面与圆柱相交时产生的截交线有三种情况,见表 2.3-2。

圆柱的截交线　　　　　　表 2.3-2

截平面位置	与轴线平行	与轴线垂直	与轴线倾斜
截交线形状	矩形	圆	椭圆
轴测直观图			
投影图			

如图 2.3-7 所示,画平面与圆柱相交的截交线。

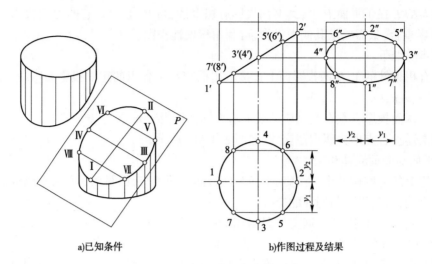

a)已知条件　　　　　　　　b)作图过程及结果

图 2.3-7　圆柱的截交线

分析：因为平面与圆柱轴线斜交，截交线为一椭圆，因圆柱面的 H 面投影有积聚性，因此截交线的 H 面投影就在此圆周上。又因为截平面 P 是正垂面，所以截交线的 V 面投影与 P 平面的 V 面积聚投影重合。在此就可利用截交线的两面投影求其 W 面投影。

作图步骤如下：

①求特殊点：根据圆柱体表面取点的方法，求出截交线的最高点Ⅱ、最低点Ⅰ、最前点Ⅲ、最后点Ⅳ的三面投影。

②求一般位置点：Ⅴ、Ⅵ、Ⅷ、Ⅸ各点为一般位置点，先在 V 面投影中定出这些点的 V 面投影，再根据圆柱体表面上取点的方法求出它们的 H、W 面投影。

③依次顺滑连点，即可得截交线的侧面投影。

2. 相贯线

相交的两立体称为相贯体，两立体表面的交线称为相贯线，相贯线上的点称为贯穿点。

相贯线的形状随立体形状和位置的不同而异，一般分为互贯和全贯两种类型。如两个立体互相贯穿，产生一组相贯线，称为互贯；当一个立体全部穿过另一个立体时，产生两组相贯线，称为全贯，如图 2.3-8 所示。

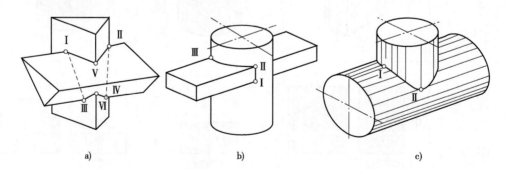

图 2.3-8　立体相贯的类型

相贯线的性质：①相贯线是两立体表面的共有线；②相贯点是两立体表面的共有点；③相贯线一般是空间的闭合线。

求相贯线的一般步骤：

(1) 求相贯点。先求特殊点,然后求出一般点。

(2) 依次连相贯点成相贯线。只有处在一立体同一棱面上,又同时处在另一立体同一棱面上的点,才能相连。如图 2.3-8 中的 Ⅰ、Ⅴ 可连,Ⅰ、Ⅱ 则不可连。

(3) 判断可见性。只有位于两立体都可见的表面上的相贯线,它的投影才是可见的。

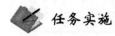

任务 1:识读基本体投影图

(1) 已知形体的立体图和两面投影,补画出第三面投影,如图 2.3-9 所示。

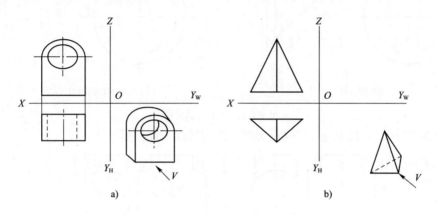

图 2.3-9 立体图和两面投影

(2) 识读曲面体的三视图,如图 2.3-10 所示。

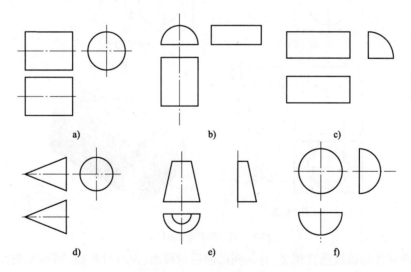

图 2.3-10 曲面体的三视图

任务 2:如图 2.3-11 所示,圆锥被两个平面 P_V、S_V 所截,形成带缺口的圆锥体,求其投影。

分析:截平面 P_V 产生的截交线为一抛物线,截平面 S_V 产生的截交线为部分圆曲线。由于两个截平面在 V 面投影中都有积聚性,所以缺口的 V 面投影为已知,只需求其 H 面和 W 面投影。

作图步骤如图 2.3-11a) 所示,请自行分析。

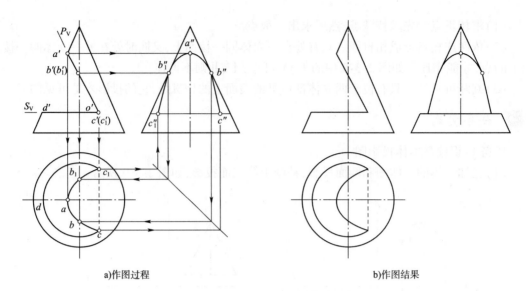

a) 作图过程　　　　　　　　　b) 作图结果

图 2.3-11　带切口的圆锥

任务 3：如图 2.3-12 所示，求两正交圆柱的相贯线三面投影。

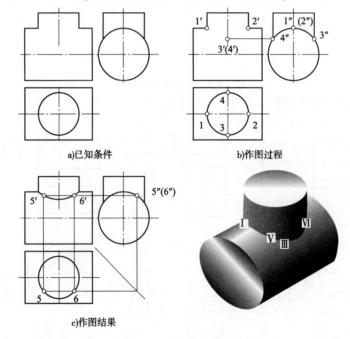

图 2.3-12　两曲面立体相交

分析：两圆柱的轴线垂直相交，有共同的前后对称面、左右对称面，因而相贯线和相贯体也前后对称、左右对称。由于小圆柱全部穿进大圆柱，但从上穿进后不再穿出，所以相贯线是一条封闭的空间曲线。

因小圆柱的轴线垂直于 H 面，小圆柱的投影在 H 面上积聚，所以相贯线的投影在 H 面上与小圆柱的积聚投影重合，为已知。又因为大圆柱的轴线与 W 面垂直，大圆柱的投影在 W 面上积聚，故相贯线的投影在 W 面上与大圆柱的部分投影重合，也为已知。由此，两正交圆柱相交，只需求作相贯线的 V 面投影。

作图步骤如图 2.3-12a)、b)、c) 所示，请自行分析。

任务四　轴测投影图

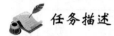

学习目标

(1)认知轴测投影的特点及分类。
(2)会设置正等测投影、斜二测投影的基本参数。
(3)能根据三面投影绘制轴测投影。

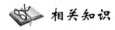

任务描述

轴测图是用轴测投影的方法画出的一种富有立体感的图形,它接近于人们的视觉习惯,在生产和学习中常用它作为辅助图样。

本任务要求学生能够正确绘制轴测图。

相关知识

一、轴测投影的基本知识

1.轴测投影形成

物体在相互垂直的两个或两个以上投影面上的多面正投影图能够完整、准确地表达空间物体的形状、大小,且作图简单,是工程上应用得最广的图样,图2.4-1a)为轻型桥台的三面投影图。但是,正投影图中任何一个视图通常不能同时反映出物体的长、宽、高三个方向的尺度和形状,缺乏立体感,需要对照几个视图和运用正投影原理进行阅读,才能想象物体的形状。为了帮助理解与读图,常用图2.4-1b)所示立体图作为辅助图样。这种图是采用平行投影法画出的能同时反映物体长、宽、高三个方向的尺度的单面投影图,称为轴测投影,简称轴测图。

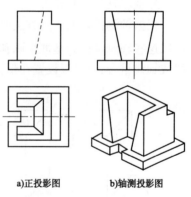

a)正投影图　　b)轴测投影图

图2.4-1　物体的表达

虽然轴测图直观性强,容易看懂,但它不能完整地表达物体全貌,且面形失真,如桥台台前构造看不见,各侧面不反映实形、度量性差,加上作图较复杂,且难以标注尺寸等,故仅作辅助图样来帮助读图。

2.轴测投影的分类

根据投影方向和轴测投影面的相对位置不同,轴测投影可分为两大类。

(1)正轴测投影:将形体斜放,如图2.4-2a)所示,使其三个坐标轴方向倾斜于一个投影面,然后用正投影的方法向轴测面投影,称为正轴测投影。由这种图示方法画出来的图形称为正轴测投影图,简称正轴测图。

(2)斜轴测投影:将形体正放,采用斜投影的方法向轴测投影面进行投影,如图2.4-2b)所示,称为斜轴测投影,由这种图示方法画出来的图称为斜轴测投影图。

这两类轴测投影按其轴向变化率的不同,又可分为三种:

(1)正(或斜)等轴测投影:三个轴向变化率均相等,简称正等测(或斜等测)。

(2)正(或斜)二等轴测投影:三个轴向变化率中有两个相等,简称正二测(或斜二测)。

(3)正(或斜)三等轴测投影:三个轴向变化率均不相等,简称正三测(或斜三测)。

为了获得立体感较强且作图简便的轴测图,工程上多采用正等测、正二测、斜二测等类型。

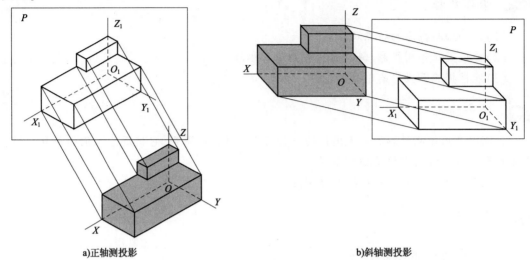

a)正轴测投影　　　　　　　　　　　　b)斜轴测投影

图 2.4-2　轴测投影的形成

3. 轴测投影轴的设置

根据轴测投影的图示方法画形体的轴测图时,先要确定轴测轴 O_1X_1、O_1Y_1、O_1Z_1,然后再以这些轴测轴作为基准来画轴测图。轴测轴一般常设置在形体内,与主要棱线、对称中心线或轴线重合,也可以设置在形体之外,如图 2.4-3 所示。

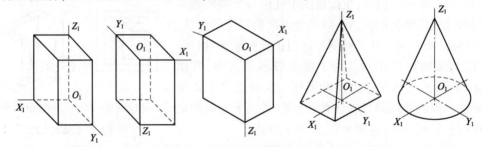

图 2.4-3　轴测投影轴的设置

轴测投影轴:直角坐标轴 OX、OY、OZ 在轴测投影面上的投影 O_1X_1、O_1Y_1、O_1Z_1,称为轴测投影轴,简称轴测轴。

轴测投影面:轴测投影的投影面,如图 2.4-2 所示的平面 P。

轴间角:轴测投影轴之间的夹角称为轴间角。

4. 轴测投影的特性

由于轴测投影属于平行投影,故具备平行投影的性质。

(1)平行性

空间互相平行的直线,其投影仍保持平行。亦即物体上与坐标轴平行的线(又称轴向线)在轴测投影中仍与相应的轴测轴保持平行。

(2)定比性

空间互相平行的线段长度之比等于其投影长度之比。亦即物体上凡与坐标轴平行的线

(轴向线)在轴测投影中与相应的轴向变化率相同。

平等性确定了轴向线的方向,实比性则确定了轴向线的量度。而非轴向线的轴测投影方向与变化率均不定,所以在轴测投影中只有轴向线才有测量意义,这就是"轴测"二字的含义。

二、正等轴测投影图

1. 正等轴测图的形成

将形体放置在使它的三个坐标轴与轴测投影面具有相同的夹角,然后用正投影方法向轴测投影面投影,就可得到该形体的正等轴测投影图,简称正等测图。

如图 2.4-4 所示的正方形,取其后面三根棱线为其内的直角坐标轴,然后从图 2.4-4a)的位置绕 Z 轴旋转 $45°$,成为图 2.4-4b)的位置;再向前倾斜到正方体的对角线垂直于投影面 P,成为图 2.4-4c)中的位置。在此位置上正方体的三个坐标轴与轴测投影面有相同的夹角,然后向轴测投影面 P 进行正投影即为此正方体的正等测图。

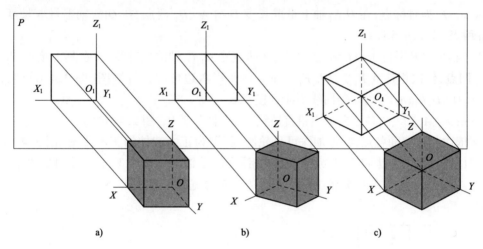

图 2.4-4 正等测图的形成

2. 正等轴测图的轴间角

正等测图的三个轴间角相等,都是 $120°$;三个轴向变化率相等,都是 0.82。通常我们采用简化轴向变化率,即 $p=q=r=1$。采用简化轴向变化率画出的正等测图比实际投影的尺寸约大 22%[图 2.4-5b)],但是并不影响立体感,而作图却简便多了。

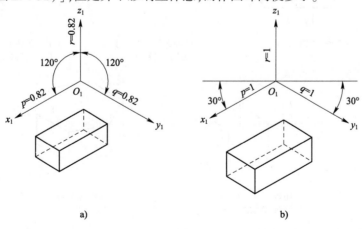

图 2.4-5 正等测投影的轴测轴、轴间角、轴向变化率

作正等测轴时,一般总是使 O_1Z_1 轴画成垂直位置(但需注意它并不是空间铅垂线,应想象它在空间是对着读图者倾斜的),使 O_1X_1 和 O_1Y_1 轴与水平线成 30°。应想象在空间是相互垂直的三个坐标轴构成的一个坐标系统。

3. 正轴测投影图的画法

画轴测图时,首先画出轴测轴,可沿着轴测轴方向确定轴向线段的方向和长度,非轴向线段可求出其端点,相连即可,具体画法有多种。最基本的画法有坐标法、切割法、叠加法。

(1)坐标法

例 2.4-1 求作图 2.4-6a)所示正六棱柱的正等测图和正二测图。

作图步骤(图 2.4-6)如下:

①在视图上确定空间坐标系 O-XYZ,原点 O 选在正六棱柱顶面中心[图 2.4-6a)]。

②按正等测轴间角 120°作出轴测轴,采用简化轴向变化率 $p = q = \gamma = 1$ 直接沿各轴向量取尺寸作图:

a. 以 O_1 为对称点,在 O_1X_1 轴上量取长度 D 得 A_1、D_1 两点,在 O_1Y_1 轴上量取长度 S 得 Ⅰ、Ⅱ 两点[图 2.4-6b)]。

b. 因 BC、EF 平行于 OX 轴,故过 Ⅰ、Ⅱ 两点作 O_1X_1 轴的平行线,并在其上量得 B_1、C_1、E_1、F_1 四点,依次相连 $A_1B_1C_1D_1E_1F_1A_1$ 即得顶面正六边形的正等测图[图 2.4-6c)],注意 A_1B_1、C_1D_1、D_1E_1、A_1F_1 为非轴向线不能直接量取。

③由 F_1、A_1、B_1、C_1 各点向下引铅直棱线,并量取高度 H[图 2.4-6d)]。

④依次相连底面各点,整理加深可见轮廓线,即为正六棱柱的正等测图[图 2.4-6e)]。

正六棱柱正二测图作法和正等测方法基本相同,仅是轴间角和 O_1Y_1 轴的轴向变化率不同。如图 2.4-7 所示,注意在 O_1Y_1 轴上量取正六边形对边宽度 S 时,应取 S/2。

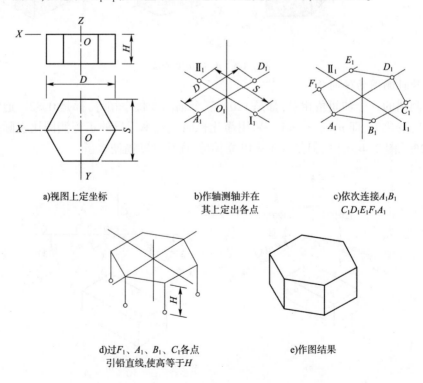

a)视图上定坐标　　　　b)作轴测轴并在　　　c)依次连接A_1B_1
　　　　　　　　　　　　　其上定出各点　　　　$C_1D_1E_1F_1A_1$

d)过F_1、A_1、B_1、C_1各点　　e)作图结果
　引铅直线,使高等于H

图 2.4-6　用坐标法作六棱柱正等测图

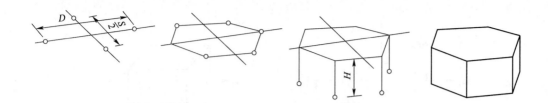

图 2.4-7　正六棱柱的正二测图

(2) 切割法

例 2.4-2　根据平面立体的三视图,画出它的正等测图。

作图步骤(图 2.4-8)如下：

①在视图上确定空间坐标系 $O\text{-}XYZ$,原点 O 选定在右后下角[图 2.4-8a)]。

②按正等测轴间角 120°作出轴测轴,采用简化轴向变化率 $p=q=r=1$,沿轴向量取 36、20、25,作长方体,并量出尺寸 18、8,然后连线切去左上角得斜面[图 2.4-8b)]。

③沿轴向量尺寸 10,平行 xOz 面由上往下切,量尺寸 16,平行 xOy 面由前向后切,两面相交切去一角[图 2.4-8c)]。

④擦去多余的线,然后加深可见轮廓线,即得物体的正等测图[图 2.4-8d)]。

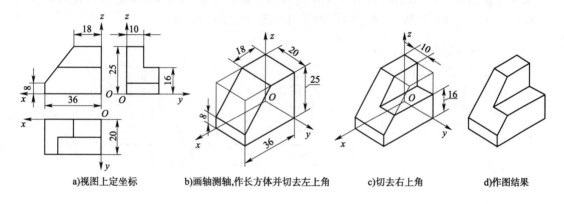

a)视图上定坐标　　b)画轴测轴,作长方体并切去左上角　　c)切去右上角　　d)作图结果

图 2.4-8　用切割法作正等测图

三、斜二测轴测投影图

1. 斜二测轴测图的形成

形体放置成使它的 xOz 坐标面平行于轴测投影面,然后用斜投影的方法向轴测投影面进行投影,用这种方法画出的轴测图称为斜二测轴测图。

2. 斜二测轴测图的轴间角

由于 xOz 坐标面平行于轴测坐标面,所以斜二测投影的两个坐标轴 O_1x_1、O_1z_1 相互垂直,轴向变化率 $p=r=1$,O_1y_1 轴与 O_1z_1 轴成 135°角,轴向变化率 $q=0.5$,如图 2.4-9 所示。

斜二测图的正面形状能反映形体正面的真实形状,特别当形体正面有圆和圆弧时,画图简单方便,这是它的最大优点。

画斜二测图通常从最前面开始画,沿 Y_1 轴方向分层定位,在 x_1O_1、z_1O_1 轴测面上确定形状,注意 y_1 方向变化率为 0.5。

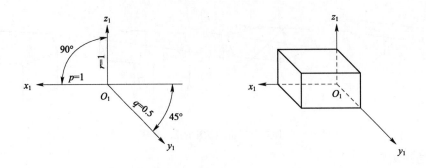

图 2.4-9　斜二测投影的轴测轴、轴间角、轴向变化率

3. 斜二测投影图的画法

斜轴测图与正轴测图画法相同,其基本方法仍是坐标法。斜轴测投影的优点在于:当轴测投影面平行于某一坐标面时,该坐标面的平面形状的轴测投影反映实形,这对画该坐标面上面形复杂的形体及该面上的圆特别简便。

例 2.4-3　作如图 2.4-10a)所示涵洞洞口的正面斜二测图。

作图:选涵洞洞口前表面作 XOZ 坐标面,由于该坐标面上的面形在轴测投影中不变化,故先画与立面完全相同的正面形状,再沿 Y_1 轴(45°线),按 $q=1/2=0.5$ 定出后表面上各点[图 2.4-10b)],最后连线、整理、加深,即完成作图[图 2.4-10c)]。

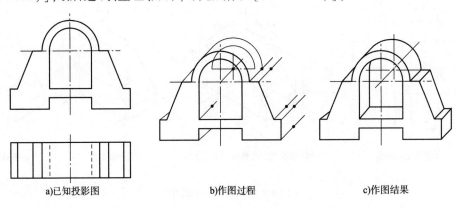

a)已知投影图　　　　　　　　b)作图过程　　　　　　　　c)作图结果

图 2.4-10　涵洞口的斜二测图

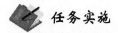 **任务实施**

任务 1:根据平面立体的三视图,画出它的正等测图。

作图(图 2.4-11):

(1)形体分析并在视图上定坐标 $O\text{-}XYZ$。根据形体分析,物体由 Ⅰ、Ⅱ、Ⅲ 三个基本形体组合而成,原点 O 选定在右后下角[图 2-4-11a)]。

(2)画轴测轴,沿轴量取 16、12、4,画出形体 Ⅰ[图 2-4-11b)]。

(3)形体 Ⅱ 与形体 Ⅰ 左、右和后面共面,沿轴量 16、3、14,画出长方体,再量出尺寸 12、10,并切去左上角,即得形体 Ⅱ[图 2-4-11c)]。

(4)形体 Ⅲ 与形体 Ⅰ 和形体 Ⅱ 右面共面,沿轴量 3,画出形体 Ⅲ[图 2-4-11d)]。

(5)擦去多余的线,然后加深可见轮廓线,即得物体的正等测图[图 2-4-11e)]。

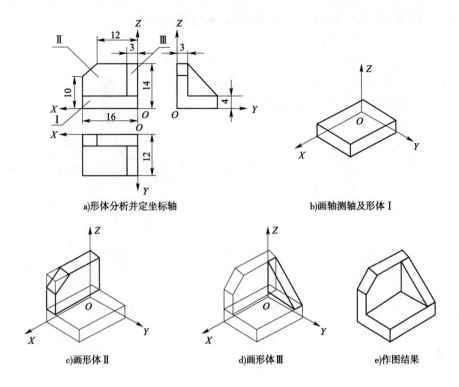

图 2.4-11　用组合法作正等测图

任务 2：写出立体字"中"。

作图：先按笔画宽度写出"中"字[图 2.4-12a)]，然后沿 Y_1（45°线）轴方向按设定字体厚度定出对应各点，连线、整理、加深[图 2.4-12b)、c)]。

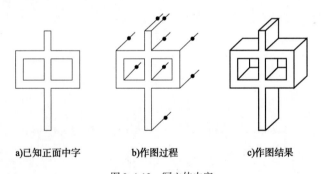

图 2.4-12　写立体中字

思考与练习

1. 点的投影规律是什么？点的投影与坐标有什么关系？
2. 如何判断空间两点的相对位置？
3. 如何判断空间两点的可见性？
4. 不同位置的直线有什么投影特性？
5. 两直线相交、平行、交叉各有哪些投影特性？
6. 投影面平行面、垂直面各有什么投影特性？
7. 平面上最大坡度线有什么投影特性？

8. 什么是轴测投影图、轴测投影轴、轴间角、轴向变化率？
9. 轴测投影图有什么特性？
10. 正等侧投影图的轴间角是多少？轴向变化率一般采用多大？
11. 斜二测投影的轴间角、轴向变化率是多少？
12. 斜二测投影图适用于什么样的形体？

项目三　组合体投影图的绘制

任务一　组合体的组合形式及投影分析

（1）认知组合体投影的概念。
（2）熟悉组合体的形体分析法及组合形式。
（3）能够正确阅读和绘制工程上常见的组合体构件。

任何空间形体，不论形状是简单还是复杂，都可以把它们看成是由若干基本体在给定的空间位置上按一定操作规则组合形成的。这种认识空间形体的方法称为形体分析法，而将除基本体以外的空间形体统称为组合体。

组合体主要是由棱柱、棱锥、圆柱、圆锥、圆球、圆环等基本体经过叠加（图 3.1-1）或者切割（图 3.1-2）的方式组合而成的。

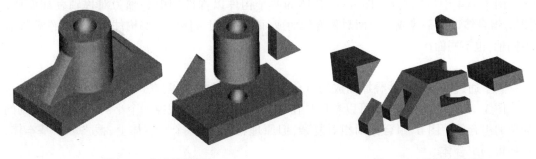

图 3.1-1　组合体的叠加　　　　　　　图 3.1-2　组合体的切割

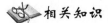

一、组合体的组成方式

1. 叠加

叠加主要的形式可以分为表面平齐叠加与表面不平齐叠加。

图 3.1-3 中，图 a) 组合体的上部构件与下部构件宽度相等，上部构件与下部构件叠加的方式称为表面平齐叠加。而图 b) 组合体中上部构件与下部构件的长度、宽度均不相等，上下构件叠加的方式称为表面不平齐叠加。

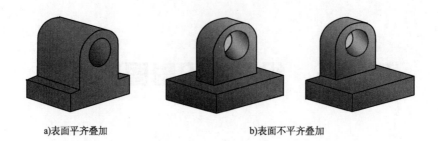

a)表面平齐叠加　　　　　　b)表面不平齐叠加

图 3.1-3　组合体的叠加

此外,组合体叠加的方式还包括同轴叠加、对称叠加和非对称叠加,如图 3.1-4 所示。

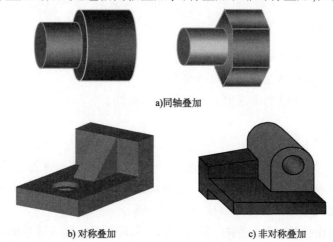

a)同轴叠加

b) 对称叠加　　　　　　c)非对称叠加

图 3.1-4　同轴叠加与对称叠加

图 3.1-4 中可以看出,图 a)组合体的两个构件以构件的中心轴为对称轴叠加而成;图 b)组合体以一条线或一个面对称叠加而成,而图 c)组合体的上部构件与下部构件叠加既不同轴,也不同面。

2. 切割

除了通过基本体构件叠加而成的组合体之外,还有通过切割方式所形成的组合体。

图 3.1-5 中图 a)组合体可以看作是在一个大三棱锥上部截掉一个小的三棱锥所得到的简单的组合体。图 b)组合体则相对复杂,但原理相同:在一个基本体上,截去多个基本体,从而得到组合体。

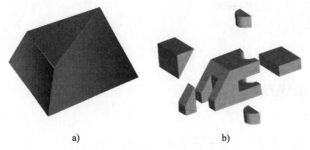

a)　　　　　　b)

图 3.1-5　切割方式组合体

3. 相交

除了叠加和截取方式外,两个基本体构件通过相交的方式也可形成组合体。

图 3.1-6 中的两个组合体都是由上部、下部基本体构件相交而成,保留非相交的部分所得到的图形。

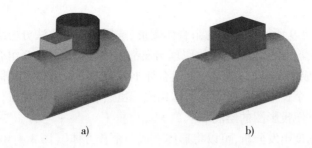

图 3.1-6 相交方式组合体

4. 截切

截切是在上面三种方法的基础上所形成的一种组合体形成方式。如图 3.1-7 中的两个组合体。

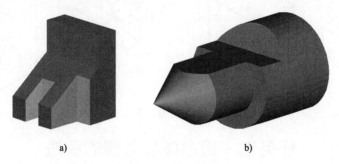

图 3.1-7 截切方式组合体

图 3.1-7 中,图 a)组合体与图 b)组合体均是在基本体叠加之后所形成的组合体上截切掉部分从而得到的新的组合体。

二、组合体的投影分析

组合体的投影与基本体的投影方法相同,以简单的组合体为例,如图 3.1-8 所示。

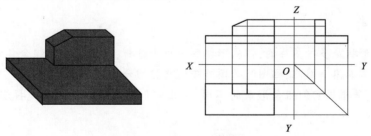

图 3.1-8 组合体投影

图 3.1-8 右边为左边组合体的三视图,在基本体的投影中,三视图之间的度量对应关系——长对正、高平齐、宽相等在组合体中仍然适用。其中,三视图的位置关系与基本体三视图所反映的关系是相同的。

主视图反映:上、下、左、右。

俯视图反映:前、后、左、右。

左视图反映:上、下、前、后。

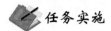

任务1:如图 3.1-9 所示为简单的组合体图形,选择合适的方法分析组合体的构成。

(1)从叠加、相交、切割以及截切的原理出发都可以分析图 3.1-9 组合体。以叠加为例,需要将该组合体看成由多个长方体组成:组合体下部有两个长方体,中部可以看成一个长方体,上部再次分为一个长方体和两个长方体构成。虽然能够将多个长方体组合成该组合体,但步骤太多,也不方便投影图的绘制。

(2)从切割的角度出发分析,可以将形体看成一个长方体[(图 3.1-10a)],将该长方体切割,分别切去上部、中部以及下部一个长方体[图 3.1-10b)],从而得到组合体(图 3.1-9)。

任务2:请选择合适的方法,分析下列组合体(图 3.1-11)。

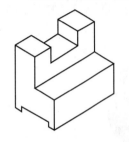
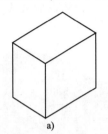
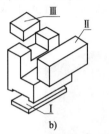
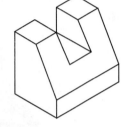

图 3.1-9 组合体　　　　图 3.1-10 组合体的分析　　　　图 3.1-11 组合体的组成分析

任务二　组合体投影图的画法

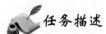

(1)能够熟练进行组合体的几何形体分析。
(2)能够用形体分析法进行组合体投影图的绘制。
(3)能够用面形分析法进行组合体投影图的绘制。

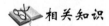

组合体的形状是多种多样的,但从形体的角度来分析,任何复杂的组合体都可以分解为若干个简单的基本体。因此,画图时必须首先假想把组合体分解成若干部分,即若干个基本体结构投影图,并根据它们组合形式的不同,画出它们之间连接处的交线投影,以完成组合体的投影图。

一、形体分析法

(1)分析它们是由哪些简单的基本体组成的。
(2)各基本体之间是按什么形式组合的。
(3)它们各自对投影的相对位置关系如何。

形体分析法就是利用组合体中的基本体在三面投影图中保持"长对正、高平齐、宽相等"

的投影关系,读出(或画出)对应基本体的线框,然后综合各种基本体之间的投影特征,并读出每组对应线框表示的是什么基本体,以及它们之间的相对位置,最后达到综合起来想象出组合体的形状(图3.2-1)。

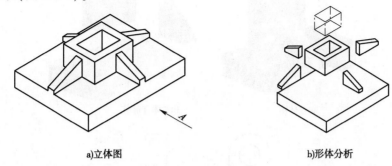

a)立体图　　　　　　　　b)形体分析

图3.2-1　台阶形成分析

画图时要注意到,形体分析仅仅是一种假想的分析方法。实际上组合形体是一个不可分割的整体,两个基本形体之间的形体尺寸、形状、所处相对位置不可能都完全相同,应注意组合形体表面交线的画法。如果形体中两基本形体的平面处于同一平面上,就不应该在它们之间画交线。例如图3.2-2c)中的W面投影,左边肋板的左侧面与底板的左侧面处在同一平面上,它们之间不应画线。若形体中两基本形体的平面不处在同一平面上,则应该在它们之间画交线。例如图3.2-2c)中的V面投影,靠左边肋板的前面与底板前面,不处在同一平面上,它们之间就应画出交线,该交线与底板顶面投影积聚成一线。

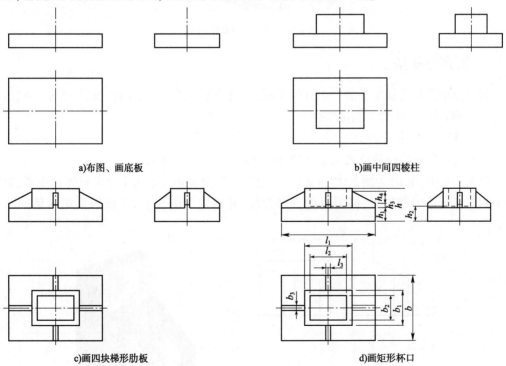

a)布图、画底板　　　　　　　　b)画中间四棱柱

c)画四块梯形肋板　　　　　　　　d)画矩形杯口

图3.2-2　板肋式基础画图步骤

图3.2-3为组合体轴承支架,在画该组合体的投影图时,可先确定该组合体的组成部分:底板、肋板、竖板。根据单个基本体的投影,叠加组合从而得到该组合体的三面投影图(图3.2-3)。

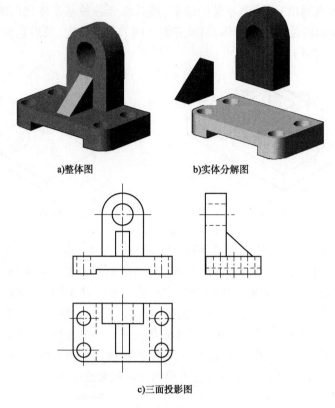

a)整体图　　　　b)实体分解图

c)三面投影图

图 3.2-3　轴承支架形成分析

二、面形分析法

面型分析法是指视图上的一个封闭线框,一般情况下代表一个面的投影,表示不同线框之间的关系,反映了物体表面的变化。

面形分析法是将一个组合体拆分为一个个封闭的线框,从而分析线框所表示的面、相对位置以及面中所对应线的位置关系,最终画出组合体的三面投影。

图 3.2-4 中,图 a) 为图 b) 组合体的三面投影,将组合体分解为一个个封闭的矩形,确定每个面在组合体中的位置,同时将面分解为线,并确定线的位置,从而确定组合体的三面投影。

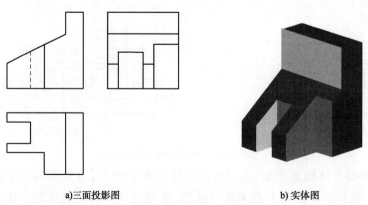

a)三面投影图　　　　b) 实体图

图 3.2-4　组合体投影分析

以图 3.2-5 为例,图 a)为图 b)组合体的三面投影图,将组合体分解成矩形和梯形,并确定每一根线的位置,从而确定组合体的三面投影。

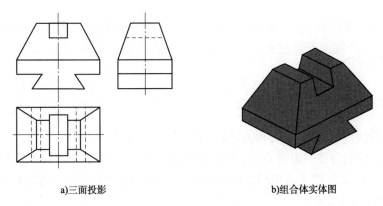

a)三面投影　　　　　　　　b)组合体实体图

图 3.2-5　组合体分析

总之,组合体的三面投影作图原理与基本体的作图原理相同:长对正、宽相等、高平齐。作图时要记住关键点:

(1)对组合体进行形体分解:分块。
(2)弄清各部分的形状及相对位置关系。
(3)按照各块的主次和相对位置关系,逐个画出它们的投影,确定主视图。
(4)分析及正确表示各部分形体之间的表面过渡关系。
(5)检查、加深。

三、选择投影图

为了能用较少的投影图清晰地表示出组合体的形状,在形体分析的基础上,还应选择合适的投影方向和投影数量。

立面图是三视图中最重要的视图,立面图选择恰当与否,直接影响组合体视图表达的清晰性。所谓选择立面图,即是怎样放置所表达的物体和用怎样的投影方向来作为立面图的投影方向。选择立面图的原则:

(1)组合体应按自然位置放置,即保持组合体自然稳定的位置。
(2)立面图应较多地反映出组合体的结构形状特征,即把反映组合体的各基本体和它们之间的位置关系最多的方向作为立面图的投影方向。
(3)在立面图中尽量产生较少的虚线,即在选择组合体的安放位置和投影方向时,要使各视图中不可见部分最少,以尽量减少各视图中的虚线(图 3.2-6)。

a)合理方案　　　　　　b)不合理方案　　　　　　b)组合体实体图

图 3.2-6　组合体投影图的选择

正确的画图方法和步骤是保证绘图质量和提高绘图效率的关键:

(1)在画组合体的三面投影时,应分清楚组合体上结构形状的主次,先画其主要部分,后画次要部分。

(2)在画每一部分时,要先画反映该部分形状特性的投影图,后画其他投影图。要严格按照投影关系,三个视图配合起来逐一画出每一组成部分的投影,切忌画完一个投影图,再画另一个投影图。

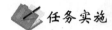任务实施

任务1:选择合理的组合体分析方法绘制组合体(图3.2-7)的投影图。

(1)首先分析组合体的组成方式,主要以切割方式拆分,可采用复原的方式进行形体分析。组合体是由四棱柱被平面和圆柱面切割及穿孔而形成的前后对称的组合体,可分为上、中、下三层结构(图3.2-8)。

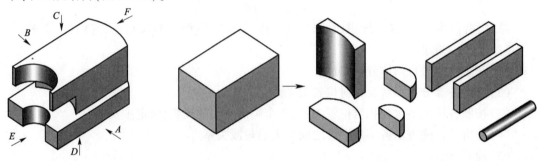

图3.2-7 组合体实体图　　　　　　　图3.2-8 组合体的分析

(2)选择正面投影图的投射方向,选择 A 为正面投影的投影面。选基准(底面为高向基准、左端面为长向基准、前后对称平面为宽向基准),布图(图3.2-9)。

任务2:绘制组合体(图3.2-10)的投影图。

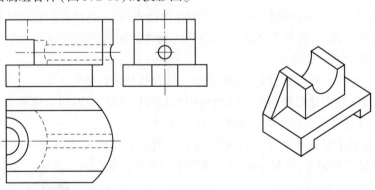

图3.2-9 组合体的三面投影　　　　　图3.2-10 组合实体图

任务三　组合体投影图的识读

学习目标

(1)学会投影中线的意义和线框的意义。

(2)能够在投影图中找到对应投影关系。
(3)能够用形体分析法、拉伸法、线面分析法正确识读投影图。

任务描述

读图是根据形体的投影图想象形体的空间形状的过程。在阅读时,必须熟练运用投影规律进行分析,并且必须注意：
(1)熟悉各种位置的直线、平面以及基本体的投影特性。
(2)读图时要联系两个或两个以上的投影图来考虑,才可准确确定组合体的空间形状。

相关知识

组合体的识图需要抓住组合体的特征,也需要对基本体的投影图特征有熟悉的了解,同时需要抓住形状特征视图,如图 3.3-1 所示。

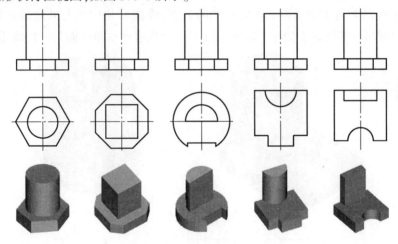

图 3.3-1 基本体的投影图

两个投影图有时也不能完全反映物体的确切形状,故读图时不可只凭两个视图就确定物体的形状,应将三个投影图对着看才可以确定其形状。对于图 3.3-1,不同的组合体可能会有一个投影面的图形相同,但不同的组合体其三个投影图一定会有区别。因此,需要抓住组合体的特征,找出其特有的部分。这样不仅有助于对组合体的把握,同时又能更好地了解分析不同组合体之间的区别。

组合体的识图方法仍然以形体分析法和面形分析法为主。识图的步骤大致有以下三步：

(1)看视图抓特征:看视图要以主视图为主,配合其他视图初步进行空间分析和投影分析;抓特征要找出反映物体特征较多的视图,同时用较短时间对物体有大概的了解。

(2)分解形体的投影:分解形体是指参照特征视图分解形体,对照投影利用"三等关系"找出各部分的三个投影,想象出其形状。

(3)综合确定整体:根据视图的特征以及各形体之间的组合方式和相对位置关系最终想象出整体形状。

一、明确视图中图线和线框的含义

投影是由若干图线组成的,图线构成不同形状的线框,分析线和线框的意义是读图的基础,是对组合体的投影作形体分析、线面分析的必备条件。

1. 线的意义

以图3.3-2所示形体为例,图a)中的直线$s'a'$是圆锥的轮廓素线。图b)中的直线$s'a'b'$是棱锥侧面△SAB的积聚投影,直线sa和sb则是棱锥相邻两个侧面交线的投影。通过投影对齐,分析有无积聚性,有无曲线与之对应,线的意义是不难确定的。

2. 线框的意义

线框:通常是代表形体表面上某一个侧面的实形或类似形,有时表示曲面。仍以图3.3-2所示形体为例,图a)中正面投影的三角形线框表示的是圆锥面的投影,图a)中水平投影中的圆代表圆锥底面的实形。图b)中水平投影中的三角形线框△sab是△SAB平面的类似形的投影。

相邻线框:投影中相邻的封闭线框一般表示不同位置的表面,而线框中间的公共边可能表示把两个形体隔开的第三个表面的积聚投影或表示形体两表面交线的投影。如图3.3-2a)中线框1′与3′表示两个不同位置的表面,线框1′与3′的公共边表示第三个表面在V面的积聚投影;如图3.3-2b)中线框6′与7′的公共边表示圆柱面与圆台面相交的交线。

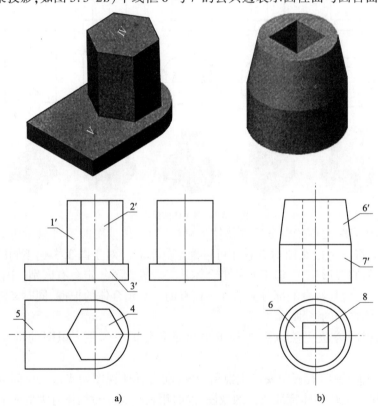

图3.3-2 投影图中相邻的线框

线框包围中的线框:投影中线框包围中的线框可能表示凸面或凹面,也可能表示通孔。图3.3-2a)中线框4与5表示两个平行面,4面凸起;图3.3-2b)中线框6包围中的线框8表示通孔。

二、形体分析法读图

形体分析法就是利用组合体中的基本体在三面投影图中保持"长对正、高平齐、宽相等"

的投影关系,读出(或画出)对应基本体的线框,然后综合各种基本体之间的投影特征,并读出每组对应线框表示的基本体,以及它们之间的相对位置,最后综合起来想象出组合体的形状。形体分析方法如图3.3-3所示。

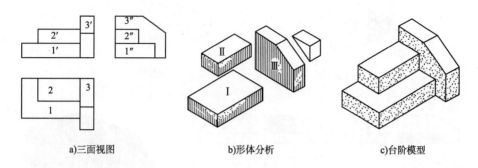

a)三面视图　　　　　　b)形体分析　　　　　　c)台阶模型

图3.3-3　台阶形成分析

在图3.3-4中,将图b)组合体分解为上下两个部分。在上部分中,可以分解为一个底面为三角形棱柱和底面为梯形的棱柱,组合体下部分是在以矩形为底面的棱柱上截切一个圆柱的棱柱。根据棱柱的特征以及棱柱上线段的位置关系,能够画出组合体的三面投影[图3.3-4a)]。

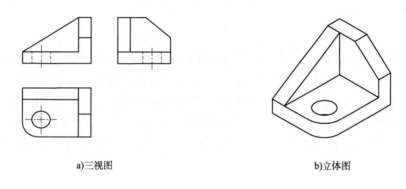

a)三视图　　　　　　　　　　　　b)立体图

图3.3-4　组合体的形体分析

三、线面分析法读图

一般情况下,形体清晰的组合体,用形体分析方法看图就可以解决,但对于一些较复杂的形体,特别是由切割体组成的图形,只利用形体分析方法不够,还需要采用线面分析法。

组合体线面分析法原理:在看图时把立体的表面分解为线、面等几何元素,运用线面的投影特性,识别线面的空间位置和形状,从而想象出立体的形状及各组成部分之间的相对位置。

以图3.3-5为例,可以将三视图中的 H 面分解成线段,通过分解确定每一条线段对应的面,从而联想到体(图3.3-6)。

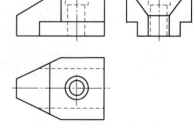

图3.3-5　组合体三视图

线面分析实质是把组合体分解成若干个面,根据线、面的投影特点,逐个方向分析各个面的形状、面与面的相对位置关系,以及各交线的性质,从而想象出组合体的形状。

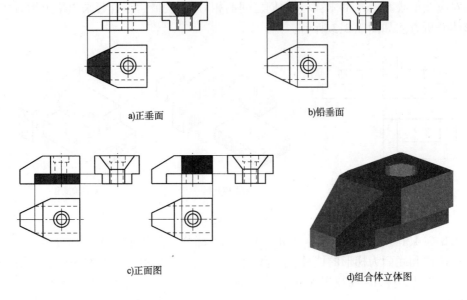

图 3.3-6　组合体的分解

四、拉伸分析法读图

拉伸法读图一般用于柱体或由平面截割柱体而成的简单体。图 3.3-7 所示是一棱柱被一侧垂面截割后形成的柱状体。识读其投影图时可用拉伸法,即可把反映立体形状特征的投影线框沿其投影方向并结合相邻投影拉伸为柱状体,如图 3.3-7b)、c)、d) 所示。这种读图的方法即为拉伸法。运用拉伸法读图时,关键是在给定投影图中找出反映立体特征的线框。一般来讲,当立体的三个投影中有两个中的大多数线条互相平行,且都是平行于同一投影轴,而另一投影中的线条不平行,是一个几何线框,该线框就是反映立体形状特征的线框。

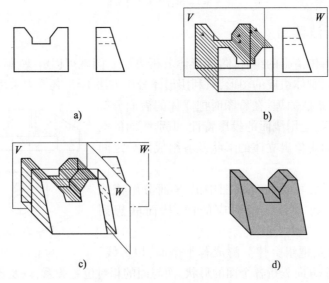

图 3.3-7　拉伸法读图

任务实施

任务 1：如图 3.3-8 所示的涵洞洞口，根据其三面投影，识读其空间形状。

(1) 形体分析：V 面投影中可分出三个线框，即可把涵洞洞口分为：基础、墙身、缘石三个基本体，如图 3.3-8a) 所示。

(2) 读各基本体的形状。基础可从 H 面反映形状特征的线框沿 Z 轴拉回空间，得其空间形状，如图 3.3-8b) 所示；缘石可从它的 W 面投影中反映形状特征的线框沿 X 轴拉出，即可得缘石的空间形状，如图 3.3-8c) 所示；墙身也可从它的 W 面投影中反映形状特征的线框沿 X 轴拉出，然后在拉出的四棱柱的基础上挖一个圆柱状的孔，即为墙身的空间形状，如图 3.3-8d) 所示。

(3) 综合想象整个形状。根据墙身、基础和缘石空间相对位置，可综合想象出整个涵洞洞口的形状，如图 3.3-8e) 所示。

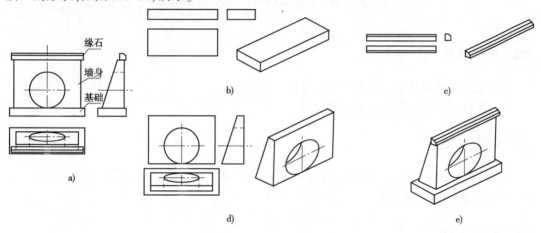

图 3.3-8 涵洞洞口投影图的识读

任务 2：图 3.3-9 所示为三个组合体的投影图和立体分析图，可互相对照，运用形体分析法或线面分析法进行读图练习。

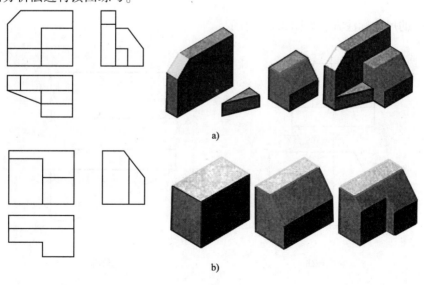

图 3.3-9

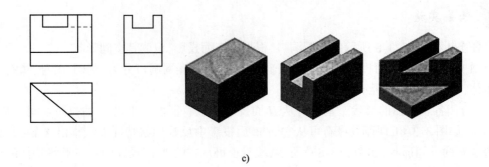

c)

图 3.3-9 读图练习

任务四 组合体的尺寸标注

 学习目标

(1)能够正确识读组合体标注的尺寸。
(2)能够正确完成组合体的尺寸标注。

✏ 任务描述

组合体的投影图只能表示物体的形状,想要表达其大小,还应标注出尺寸。在图样上标注尺寸是表达物体的重要手段。

📖 相关知识

一、常见的基本体的尺寸标注

基本体的尺寸标注方法如图 3.4-1 所示。

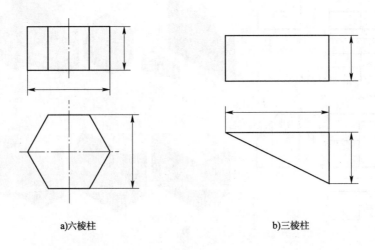

a)六棱柱　　　　　　　　　　b)三棱柱

图　3.4-1

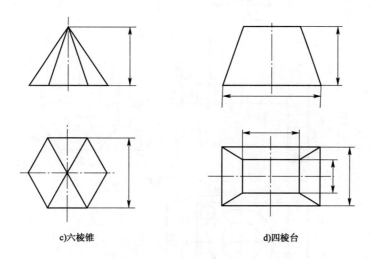

c)六棱锥　　　　　　　d)四棱台

图 3.4-1　基本体的尺寸标注

二、组合体尺寸的标注

定形尺寸:确定组合体各组成部分大小和形状的尺寸。

定位尺寸:确定各基本形体之间的相对位置尺寸,要标注定位尺寸,必须先选定尺寸基准(标注和测量尺寸的起点),组合体有长、宽、高三个方向的尺寸,每个方向至少有一个基准(图 3.4-2)。

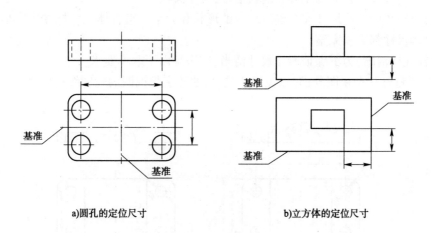

a)圆孔的定位尺寸　　　　　　　b)立方体的定位尺寸

图 3.4-2　定位尺寸

总体尺寸:组合体的总长、总宽、总高尺寸。

组合体尺寸标注时,要先标注定形尺寸,然后标注定位尺寸,最后标注总体尺寸。

标注一组合体的尺寸如图 3.4-3 所示。

步骤如下:

(1)形体分析:该组合体由圆筒、L 形板组成。

(2)分别标注 L 形板定形、定位尺寸,标注圆筒定形、定位尺寸。

(3)总体尺寸:决定组合体的总长、总宽、总高尺寸。该组合体的总长 180mm、总宽 110mm、总高 190mm。

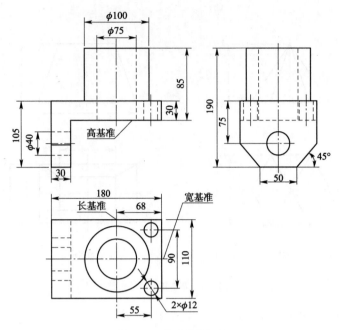

图 3.4-3 组合体的标注

三、标注尺寸的基本要求

投影图只能表达立体的形状,而要确定立体的大小,则需要标注立体尺寸。对组合体进行尺寸标注时,尺寸布置应该正确、完整、清晰,便于阅读。

所谓完整,指所标注尺寸完全确定组合的形状和大小。组合体尺寸标注中定形尺寸、定位尺寸、总体尺寸都必须完整。

尺寸标注要清晰,为了保证所注尺寸清晰,应满足以下基本要求:

(1)应尽量标注在视图外面,以免尺寸线、尺寸数字与视图的轮廓线相交(图3.4-4)。

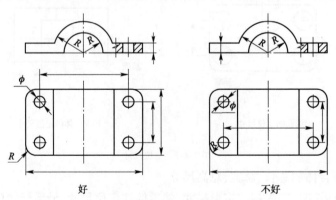

图 3.4-4 尺寸标注效果比较(一)

(2)相互平行的尺寸,应按大小顺序排列,小尺寸在内,大尺寸在外(图3.4-5)。

(3)内形尺寸与外形尺寸最好分别注在视图的两侧(图3.4-6)。

(4)尺寸应尽可能标注在反映基本形体形状特征较明显、位置特征较清楚的视图上(图3.4-7)。

(5)同心圆柱的直径尺寸,最好注在非圆的视图上(图3.4-8)。

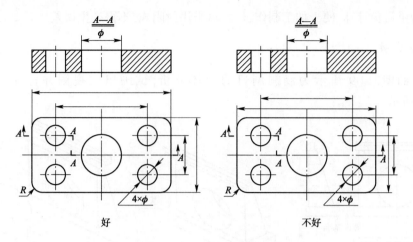

图 3.4-5　尺寸标注效果比较(二)

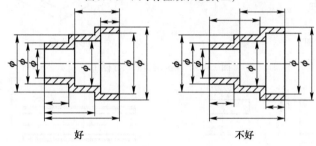

图 3.4-6　尺寸标注效果比较(三)

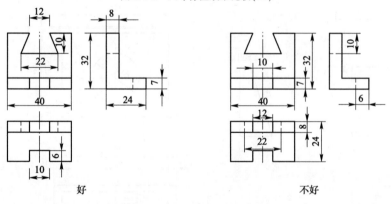

图 3.4-7　尺寸标注效果比较(四)

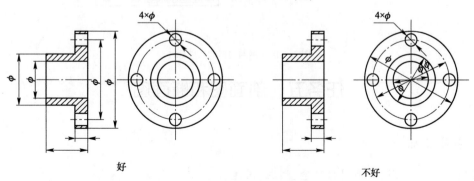

图 3.4-8　尺寸标注效果比较(五)

(6)为了避免计算,便于加工制作,尺寸可采用封闭式,不得产生误差。

任务实施

任务:如图3.4-9所示为涵洞洞口的形体分析,试画出三视图并标注出尺寸,如图3.4-10所示。

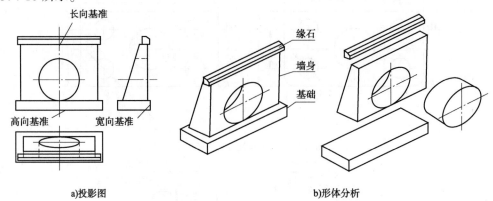

图3.4-9 涵洞洞口的尺寸标注

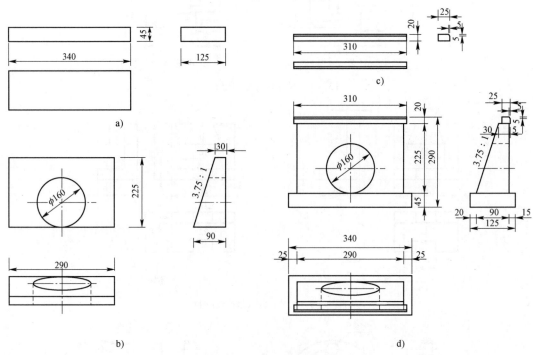

图3.4-10 涵洞洞口的尺寸标注

任务五 剖面图和断面图

学习目标

(1)认知剖面图、断面图的概念、形成、用途。
(2)熟悉剖面图、断面图的绘制和阅读。

(3)能够合理运用剖面图、断面图清楚表达形体。
(4)能够根据三面投影绘制剖面图和断面图。

任务描述

用投影图表达形体的结构时,其内部不可见的部分用虚线表示,当结构复杂时,图上虚线太多,会使图形不清晰,给读图带来困难。此外,工程上还常要求表示出工程建筑物的某一部分形状及所用建筑材料,遇到这些情况时,常用剖面图和断面图来加以解决。

相关知识

结构形状越复杂,虚线就会越多,造成虚线重叠交错、混杂不清,影响图样的清晰,难于识读,也不便于标注尺寸。因此,制图标准规定了采用剖切的方法及剖视图和断面图来解决这一问题,让比较复杂的内部结构由不可见的轮廓线变为可见,被移走的外轮廓形状可由其他图综合补充。另外,凡被剖切到的剖面皆可画出相对应的材料符号(表3.5-1),于是形体采用什么样的材料也就一目了然了。

道路工程制图常用材料图例　　　　表3.5-1

名　称	图　例	名　称	图　例	名　称	图　例
天然土 夯实土		细、中粒式沥青混凝土 粗粒式沥青混凝土		泥结碎砾 石泥灰结碎砾石	
浆砌块石 浆砌片石		水泥稳定土 水泥稳定砂砾		墙缝碎石 天然砂砾石	
干砌片石 水泥混凝土		水泥稳定碎砾石 石灰土		横断面木材 纵断面木材	
钢筋混凝土 沥青碎石		石类粉煤灰 石类粉煤灰土		金属橡胶	
沥青灌入碎砾石 沥青表面处治		石灰粉煤灰砂砾 石灰粉煤灰碎砾石		级配碎砾石水	

一、剖面图

剖面图是用假想剖切平面(P)将形体切开后,移去观察者和剖切平面之间的部分,将剩余部分向投影面投影,这样所得的视图称为剖面图。如图3.5-1所示,用与V面平行的剖切平面P沿着形体前后对称面将其剖开,由于将形体假想剖开,使内部结构显露出来,在

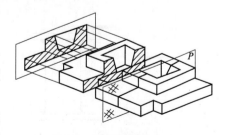

图3.5-1　剖面图的形成

剖面图上,原理不可见的线变成了可见线,剖切后被去掉的外轮廓不再画出。

1. 剖视图画法及标注的有关规定

(1)画剖视图的剖切部位,应根据图样的用途或设计深度,在平面图上选择能反映结构物全貌、构造特征以及有代表性的部位剖切。

(2)长度 5~10mm 短粗实线表示剖切位置;画出与剖切位置线垂直的短细单边箭头,长度 4~6mm,表示剖切后的投影方向,如图 3.5-2 所示的 1-1 剖切符号。需要转折的剖切位置线,应在转角的外侧加注与该符号相同的编号,如图 3.5-2 所示的 2-2 剖切符号。画图时,剖视的剖切符号不应与其他图线相接触(图 3.5-2)。

(3)剖视图的编号用相同的数字或字母依次注在剖切符号附近,并应注写在投方向线的端部,如图 3.5-2 中 1-1、2-2 的编号。

(4)剖面图除应画出剖切面切到部分的图形外,还应画出沿投射方向看到的部分,用粗实线绘制,剖切面没有切到但沿投射方向可以看到的轮廓线用中实线绘制。

(5)在被剖切面切到部分的图形轮廓线内,可标注剖面线或材料图例。当仅表示剖切面切到部分的图形(剖切断面)而不表示材料时,可采用与基本轴线成 45°的细实线表示。在原图中,当已有图线与基本轴线倾斜 45°时,可将剖面线画为与基本轴线成 30°或 60°的剖面线(图 3.5-3)。若需要指明材料种类时,可画出材料图例,道路工程常用材料图例见表 3.5-1。

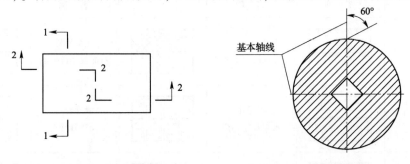

图 3.5-2 剖视的剖切符号　　　　　图 3.5-3 标注剖面线

(6)两个或两个以上的相邻断面可画成不同倾斜方向或不同间隔的剖面线(图 3.5-4)。在满足图形表达清楚的情况下,断面也可不画剖面线。当图形断面较小时,可采用涂黑的断面表示,两个相邻的涂黑图例(如混凝土构件、金属件)间,应留有空隙,其宽度不得小于 0.7mm(图 3.5-5)。

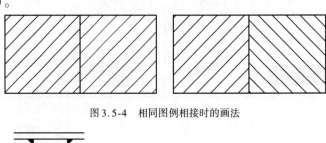

图 3.5-4 相同图例相接时的画法

图 3.5-5 涂黑的断面

(7)当图形较大时,可用折断线或波浪线画出图形表示的范围(图3.5-6),波浪线不应超出图形外轮廓线。

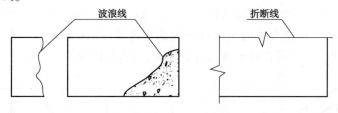

图 3.5-6　折断线与波浪线

2. 剖面图的分类

(1)全剖视图

用一个剖切平面把结构物全部剖开后得到的剖视图,称为全剖视图。如图 3.5-7 所示的是全剖视图。

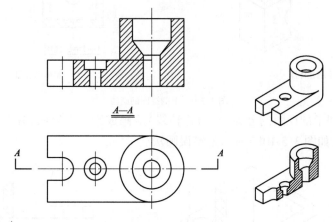

图 3.5-7　全剖视图

当剖视图中看不见的结构形状,在其他视图中已表达清楚时,其虚线可省略不画。如图 3.5-8 所示全剖面中上、下突缘的后部在剖视图中为不可见,但在平面图中已表达,故虚线予以省略。

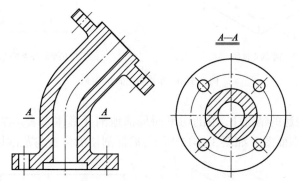

图 3.5-8　全剖视图中虚线的取舍

(2)半剖面图

当形体的内、外形在某个方向上具有对称性,且内、外形又都比较复杂时,以对称单点长画线为界,将其投影的一半画成表示形体外部形状的正投影,另一半画成表示内部结构的剖面图。这种投影图和剖面图各画一半的图,叫作半剖面图。其适用于内、外形都需要表达的对称形体。

画半剖面图时应注意的事项：

①半剖面位于基本投影面，半剖切符号可不予画出；若结构物具有一个方向的对称面时半剖切符号需要标注，标注方法同全剖视图的剖切符号[图3.5-9b)]。在不影响读图的情况下投影部分出现的虚线可省略不画，如图3.5-9、图3.5-10所示。

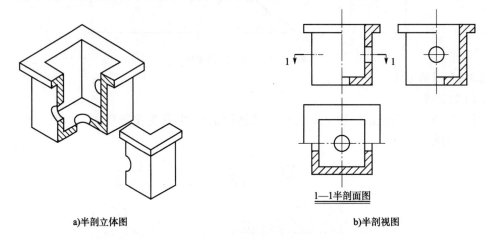

a)半剖立体图　　　　　　　　　　　b)半剖视图

图 3.5-9　半剖视图的画法

②半外形图和半剖视图的分界线(对称轴线)应画成细实点画线，在分界线上不允许画出带"×"的图线，如图3.5-10b)所示是错误画法。

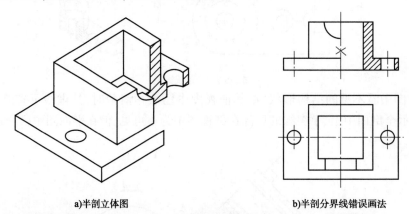

a)半剖立体图　　　　　　　　　　b)半剖分界线错误画法

图 3.5-10　半剖视图的分界线

(3)局部剖面图

在不影响外形表达的情况下，用剖切平面局部地剖开形体来表达结构内部形状所得到的剖面图，称为局部剖面图。如图3.5-11所示，局部剖切的位置与范围用波浪线来表示。

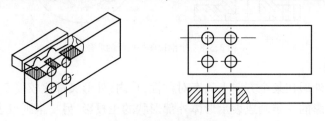

图 3.5-11　局部剖面图的形成

画局部剖面图时应注意的事项：

①局部剖切比较灵活，但应考虑看图的方便，不应过于零碎。一般每个剖面图局部剖切不多于三处。

②用波浪线表示形体断裂痕迹，波浪线应画在实体部分，不能超出视图轮廓线或画在中空部位，不能与图上其他图线重合。

③局部剖面图只是形体整个外形投影中的一部分，不需标注。

局部剖面图的适用范围：

①外形复杂、内部形状简单且需保留大部分外形，只需表达局部内部形状的形体。

②形体轮廓与对称轴线重合，不宜采用半剖或不宜采用全剖的形体，可采用局部剖，如图 3.5-12 所示。

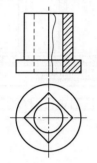
a)对称中心线与外轮廓线重合时的局部剖面图

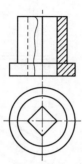
b)对称中心线与内轮廓线重合时的局部剖面图

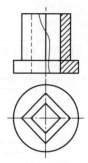
c)对称中心线同时和内外轮廓线重合时的局部剖面图

图 3.5-12　局部剖面图的选用

③内部构造层次较多，可用分层局部剖面来反映各层所用的材料和构造，分层剖切的剖面图，应按层次以波浪线将各层隔开，波浪线不应与任何线重合。

（4）阶梯剖面图

当形体内部结构层次较多，采用一个剖切平面不能把形体内部结构全部表达清楚时，可以假想用两个或两个以上相互平行的剖切平面来剖切形体，所得到的剖面图，称为阶梯剖面图。如图 3.5-13 所示。

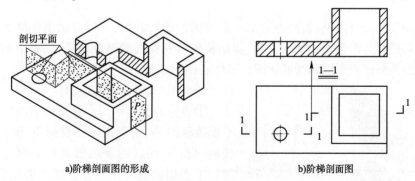

a)阶梯剖面图的形成　　　　　　　　b)阶梯剖面图

图 3.5-13　阶梯剖面图

阶梯剖面主要适用于表达内部结构不在同一平面的形体。但需要注意的是：

①阶梯剖面图必须标出名称、剖切符号，如图 3.5-14 所示。为使转折处的剖切位置不与其他图线发生混淆，应在转折处标注转折符号"⌐"，并在剖切位置的起、止和转折处注写相同的阿拉伯数字。

②在剖面图上,由于剖切平面是假想的,不应画出两个剖切平面转折处交线的投影。

③阶梯剖面图的剖切平面转折位置不应与图形轮廓线重合,也不应出现不完整的要素,如不应出现孔、槽的不完整投影。只有当两个投影在图形上具有公共对称中心线或轴线时,才允许各画一半,此时应以中心线或轴线为界。

(5)旋转剖面图

用两个相交的剖切平面(交线垂直于一基本投影面)剖切形体后,将被剖切的倾斜部分旋转与选定的基本投影面平行,再进行投影,使剖面图既得到实形又便于画图,这样的剖面图叫作旋转剖面图(图3.5-15)。

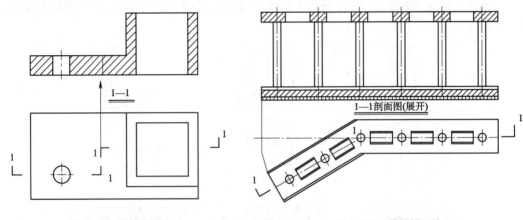

图3.5-14 阶梯剖面图　　　　　　图3.5-15 旋转剖面图

旋转剖面图主要适用于内部不在同一平面上,且具有回转轴的形体。但需要注意:

①旋转剖的剖切面交线常和形体的主要孔的轴线重合。采用旋转剖时,必须标出剖面图的名称,标注全剖切符号,在剖切面的起讫和转折处用相同的字母标出。

②在画旋转剖面图时,应先剖切、后旋转,然后再投影,而且应在旋转剖面图名称后注写"展开"二字。

二、断面图

对于某些单一的杆件或需要表示某一部位的截面形状时,可以只画出形体与剖切平面相交的那部分图形,即假想用剖切平面,将结构物及其构件的某处切断,仅画出剖切断面的投影,所画出的断面投影图称为断面图。形体断面图如图3.5-16所示。

断面图和剖面图的区别有:

①表达的内容不同。断面图只画形体与剖切平面接触的部分,剖面图不仅画剖切平面与形体接触的部分,而且还要画出剖切平面后面没有被剖切平面切到的可见部分。剖面图包含断面图,即剖面图是"体"的投影,断面图只是"面"的投影。

②剖切情况不同。剖面图可采用多个剖切平面,而断面图只能反映单一剖切平面的断面特征。

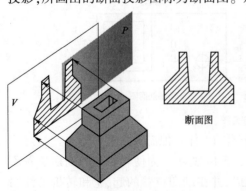

图3.5-16 形体断面图

③标注不同。断面图的剖切符号是一条长度为 6~10mm 的粗实线,没有剖视方向线,剖切符号旁编号所在的一侧是剖视方向。

剖视图内已包含断面图。画剖视图除应画出断面图形外,还应画出沿投影方向看到的部分,如图 3.5-17a)所示。断面图则只要画出剖切面切到部分的图形,如图 3.5-17b)所示。

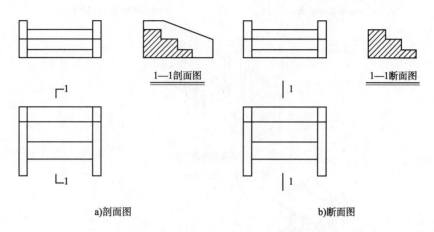

图 3.5-17 形体的剖面图与断面图

断面图分为三类:移出断面图、重合断面和中断断面图。

(1)移出断面图

把断面图形画在视图轮廓线外面的断面图称为移出断面。如图 3.5-18 所示为移出断面图。

移出断面的画法:

①移出断面图的轮廓线采用粗实线绘制。

②当剖切平面通过回转面形成的孔或凹坑等结构的轴线时,这些结构应按剖面图绘制。

③剖切平面一般应垂直于被剖切的主要轮廓线,当用两相交的剖切时,断面图中间应用波浪线断开。

在移出断面中,需要注意:

①当物体有多个断面图时,断面图应按剖切顺序排列。

②尽量画在剖切位置的延长线上。

(2)重合断面图

重叠在基本投影图轮廓之内的断面图,其比例应与基本投影图一致(图 3.5-19)。断面轮廓线可能是闭合的,也可能是不闭合的,如果不闭合,应于断面轮廓线的内侧加画图例符号。

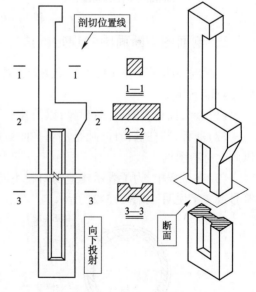

图 3.5-18 移出断面图

(3)中断断面图

断面图画在投影图的中断处,适用于具有单一断面的较长杆件及型钢(图 3.5-20)。

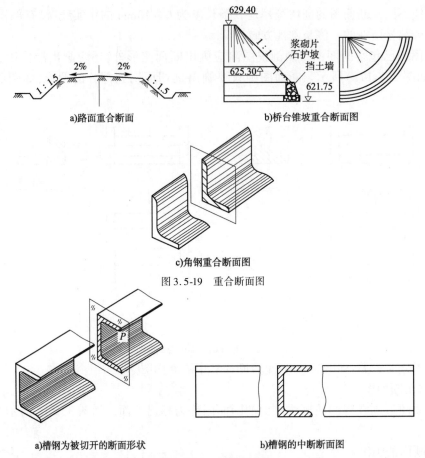

图 3.5-19 重合断面图

图 3.5-20 中断断面图

三、剖面图与断面图的规定画法

在画剖面图、断面图时,为了使图形表达更为清晰,除了严格按照投影方法画图外,还需要注意以下几点:

(1)较大面积的断面图符号可以简化。

(2)薄板、圆柱等构件,凡是剖切平面通过其对称中心线或轴线,均不画出剖面线,但可以画上材料图例。

(3)在工程中,为了表示构造物材料不同,在同一断面上应画出材料分界线,并注明材料符号或文字说明,如图 3.5-21 所示。

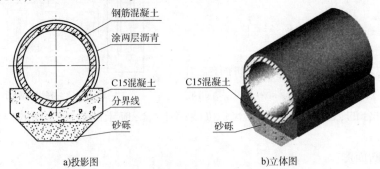

图 3.5-21 材料分界线

(4)剖面线应画成细实线,当剖面图、断面图有部分轮廓线与该图的基本轴线成45°倾角时,可将剖面线画成与基本轴成30°或60°的倾斜线。如图3.5-22所示。

(5)两个或两个以上的相邻断面可画成不同倾斜方向或不同间隔的阴影线,如图3.5-23所示。在不影响图形清晰的前提下,断面也可不画阴影线,如图3.5-24所示空心板断面图。在不影响视图清晰的情况下,对视图上实际宽度小于2mm的狭小面积的剖面,允许将全部面积涂黑,涂黑的断面之间应留出空隙,如图3.5-25所示。

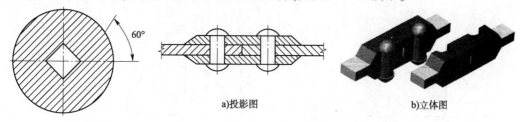

图3.5-22 剖面线的画法　　　　图3.5-23 相邻构件的剖面线画法

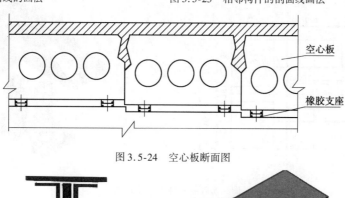

图3.5-24 空心板断面图

图3.5-25 涂黑代替剖面线的画法

(6)道路工程制图中,有"画近不画远"的习惯。对剖面图被切断图形以外的可见部分,可以根据需要决定取舍,这种图仍称为断面图,但不注明"断面",仅注剖切编号字母。

(7)当用虚线表示被遮挡复杂结构图时,应只绘制主要结构或离视图较近的不可见图线。

(8)当土体或锥坡遮挡视线时,可将土体看成透明体,视土体遮挡部分为可见体,以实线表示。

(9)对称图形可采用绘制一半或1/4图形的方法表示。在图形的图名前,应标注"1/2"或"1/4"字样。可以对称中心为界,一半画一般构造图,另一半画断面图;也可以分别画两个不同的1/2断面,或分别画两个不同方向的投影图,在对称中心线的两端,可标注对称符号,对称符号应由两条平行的细实线组成。

任务实施

任务1:图3.5-26所示为肋式杯形基础的投影图,由于基础左右对称,且内外结构比较

复杂,都需要表达,因此立面图采用半剖面图,一半显示外形,另一半显示内部结构。此时剖切平面通过肋板的纵向对称面,所以肋板部分按不剖处理。由于杯形基础前后也对称,侧面图也采用半剖面图。由于在半剖面图中内部结构表达得很清楚,所以在半投影图中不需要画出虚线,投影图和剖面图的分界线为点画线。在半剖面图中,应该尽量把外形尺寸与内部构造的尺寸分开标注。如果某些尺寸只有一边能画尺寸界线时,可将尺寸线略超过对称中心线后注写尺寸数字,如图 3.5-26a) 中尺寸 100、90 等。

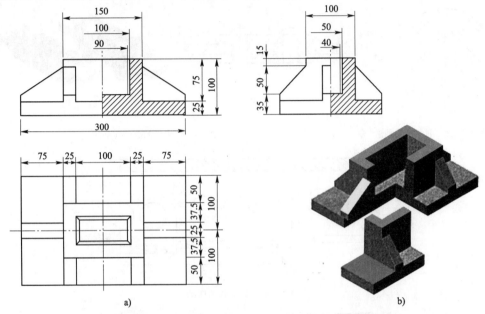

图 3.5-26 形体三视及立体图

任务 2:图 3.5-27 所示为预制 T 形梁的投影图,预制 T 形主梁安装后浇筑桥面板等,由于梁身断面不断变化,所以采用断面图来表达。各断面图整齐排列在投影图之外,使梁截面变化情况表达清楚,虽然画的是断面图,但为了表达清楚横隔板与主梁的相互关系,在断面图上画了距离面较近的横隔板的投影,这也是道路工程制图中的习惯性画法。

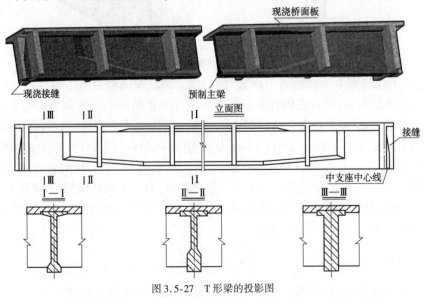

图 3.5-27 T 形梁的投影图

思考与练习

1. 请选择合适的方法对实体进行分析,并补画图中所缺的线条。

(1)

(2)

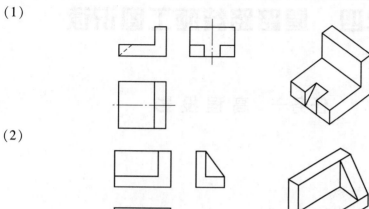

2. 请根据实体及部分投影图,绘制实体的第三面投影图。

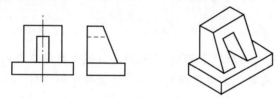

3. 请选择正确的局部剖视图。

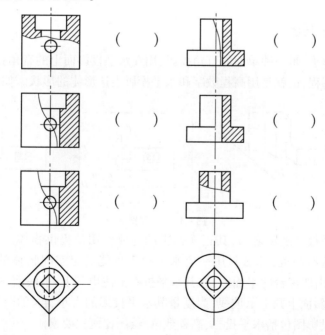

项目四　道路路线施工图识读

任务一　高程投影

学习目标

(1)认知高程投影的概念。
(2)认知高程投影的特性及工程应用。
(3)能够正确识读工程中的高程。
(4)能够正确标注工程中的高程。

任务描述

建筑物的建设，涉及地面和地下部分，地面的高低起伏对建筑群的布置、房屋的施工、设备的安装有很大影响。有时还需要根据建筑群的功能对地形进行人工改造。由于地面高低起伏复杂，且地面高度变化相对于地面长宽来说比较小，采用高程投影的方法来解决地面高低起伏的表达问题会比较清晰明了。

本任务要求学生在正确了解高程投影基本知识的基础上能够正确识读地形图。

相关知识

一、高程投影概述

所谓高程投影法，是一种单面的直角投影，用在水平投影面上的直角投影图并加注形体上某些特殊点的高程，也就是用高程数字和水平投影表达形体的形状。如图 4.1-1 所示。

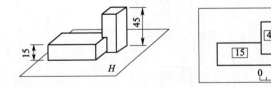 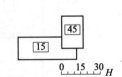

图 4.1-1　高程投影

当物体的水平投影确定之后，其正面投影的主要作用是提供物体上的点、线或面的高度。如果能知道这些高度，那么只用一个水平投影也能确定空间物体的形状和位置。如图 4.1-2 所示，画出四棱台的平面图，在其水平投影上注出其上、下底面的高程数值，为了增强图形的立体感，斜面上画上示坡线，为度量其水平投影的大小，再给出绘图比例或画出图示比例尺。高程投影图包括水平投影、高程数值、绘图比例三要素。

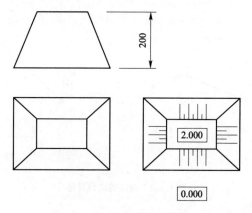

图 4.1-2 四棱台的平面图

高程投影中的高程数值称为高程,它是以某水平面作为计算基准的,标准规定基准面高程为零,基准面以上高程为正,基准面以下高程为负。在公路工程图中一般采用与测量一致的基准面(即青岛市黄海平均海平面),以此为基准标出的高程称为绝对高程。以其他面为基准标出的高程称为相对高程。高程的常用单位是 m,一般不需注明。

二、点的高程投影

如图 4.1-3a)所示,首先选择水平面 H 为基准面,规定其高程为零,点 A 在 H 面上方 3m,点 B 在 H 面下方 2m,点 C 在 H 面上。若在 A、B、C 三点水平投影的右下角注上其高程数值即 a_3、b_{-2}、c_0,再加上图示比例尺,就得到了 A、B、C 三点的高程投影,如图 4.1-3b)所示。

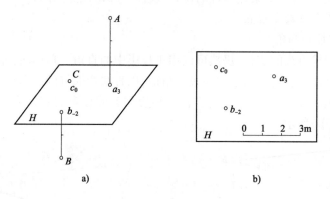

图 4.1-3 点的高程投影

三、直线的高程投影

1. 直线的表示方法

直线的空间位置可由直线上的两点或直线上的一点及直线的方向来确定,相应的直线在高程投影中也有两种表示法:

(1)用直线上两点的高程和直线的水平投影表示,如图 4.1-4a)所示,直线 AB 的高程投影为 a_3b_5。

(2)用直线上一点的高程和直线的方向来表示,直线的方向规定用坡度和箭头表示,箭头指向下坡方向,如图 4.1-4b)所示。

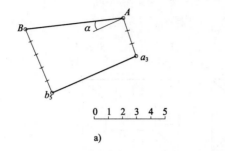
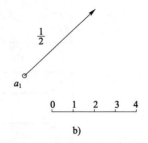

a)   b)

图 4.1-4 直线的高程投影

2. 直线的坡度和平距

直线上任意两点间的高差 ΔH 与其水平投影长度之比称为直线的坡度，用 i 表示。

$$i = \frac{\Delta H}{L} = \tan\alpha$$

直线的平距 l 是指直线上两点的高度差为 1m 时水平投影的长度数值。

$$平距\ l = \frac{水平投影长度\ L}{高差\ \Delta H} = \cot\alpha \tag{4.1-1}$$

平距与坡度互为倒数，即平距越小，坡度越大；反之，平距越大，坡度越小。它们均可反映直线对 H 面的倾斜程度。

在高程投影中，因直线的坡度是定值，所以已知直线上任意一点的高程就可以确定该点高程投影的位置，已知直线上某点高程的位置，就能计算出该点的高程。

3. 直线的实长和整数高程点

(1) 直线的实长和倾角

在高程投影中求直线的实长，仍然可以用正投影中的直角三角形法，如图 4.1-5a) 所示，以直线的高程投影作为直角三角形的一条直角边，以直线两端点的高差作为另一直角边，用给定的比例尺作出后，斜边即为直线的实长。斜边和高程投影的夹角为直线对于水平面的倾角 α，如图 4.1-5b) 所示。

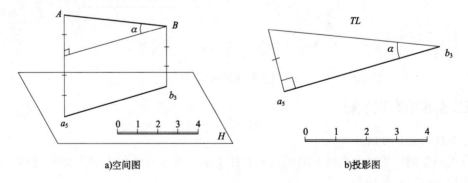

a) 空间图   b) 投影图

图 4.1-5 直线的实长和倾角

(2) 直线上的整数高程点

在实际工作中，经常遇到直线两端的高程投影的高程并非整数，需要在直线的高程投影上作出各整数高程点。我们可以用定比分割原理作图，如图 4.1-6 所示，已知直线 AB 的高

程投影 $a_{3,4}b_{6,7}$，求直线上各整数高程点时的思路为：过直线 $a_{3,4}b_{6,7}$ 作一辅助的铅垂面，在该面上按所给比例尺作出低于直线上最低点 $a_{3,4}$ 和高于最高点 $b_{6,7}$ 之间的若干条整数高程的水平线，即得高程为 3、4、5、6、7 的等高线。根据 A、B 两点的高程在铅垂面上作出直线 AB，其与各整数高程的水平线交于 C、D、E 各点，然后将这些点投至直线的高程投影上，即得各整数高程点。

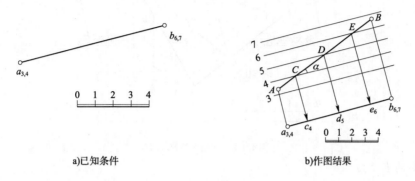

a) 已知条件　　　　　b) 作图结果

图 4.1-6　求直线上的整数高程点

四、平面的高程投影

1. 平面的等高线

某个面（平面或曲面）上的等高线是该面上高程相同的点的集合，也可看成是水平面与该面的交线。平面上的等高线就是平面上的水平线，如图 4.1-7 中所示，一组互相平行的直线，其投影也相互平行；当相邻等高线的高差相等时，其水平距离也相等。图 4.1-7 中相邻等高线的高差为 1m，它们的水平距离即为平距 l。

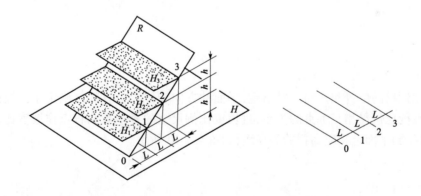

图 4.1-7　平面上的等高线

平面上等高线有如下特点：①等高线是直线；②等高线互相平行；③相邻等高线高差相等时，水平距离也相等。

2. 平面的坡度线

坡度线就是平面上对 H 面的最大斜度线，如图 4.1-8 中直线 EF，它与等高线 CD 垂直，它们的投影也互相垂直。坡度线 EF 对平面的倾角 α 就是平面 P 对 H 面的倾角，因此坡度线的坡度就代表该平面的坡度。

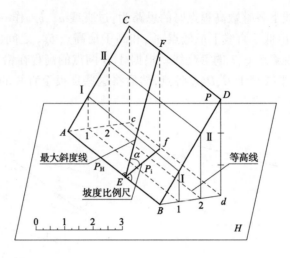

图 4.1-8 平面上的等高线

3．平面的表示方法

(1) 用等高线表示平面

用两条平行直线表示平面，两条平行线一般选取高差相等、高程为整数的等高线，如图 4.1-9 所示。

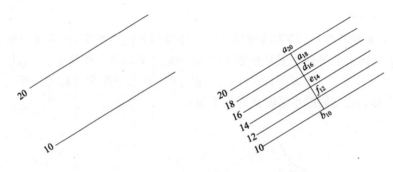

图 4.1-9 等高线表示法

(2) 用坡度比例尺表示平面

坡度比例尺的位置和方向一经给定，平面的方向和位置也就随之确定了。根据平面上等高线与坡度比例尺相互垂直的关系，过坡度比例尺上的各整数高程点作坡度比例尺的垂线，就可以得到平面上相应高程的等高线，如图 4.1-10 所示。

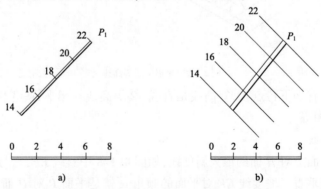

图 4.1-10 坡度比例尺表示法

(3)用平面上的一倾斜直线和平面的坡度表示平面

图 4.1-11 所示为一高程为 3m 的一个平台,与平台相连的斜坡道坡度为 1∶2,两侧斜面坡度为 1∶1,这种斜面用斜面上的一条倾斜直线和斜面的坡度来表示,如图 4.1-12 所示,该斜坡道右侧斜面可以用 AB 的高程投 a_3b_0 及坡度 1∶1 表示,之所以采用虚线箭头是因为这只是表示斜面的大致坡向。

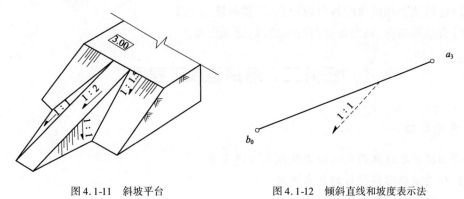

图 4.1-11　斜坡平台　　　　　　　　图 4.1-12　倾斜直线和坡度表示法

任务实施

任务 1:如图 4.1-13 所示,已知直线 BA 的高程投影 b_2a_6,求直线 BA 上 C 点的高程。

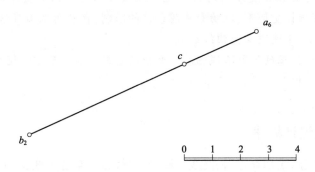

图 4.1-13　直线的高程投影

任务 2:已知基坑底面的高程为 −2m,坑底的大小和各坡面的坡度如图 4.1-14 所示,地面高程为 2m,求基坑的开挖线和坡面交线。

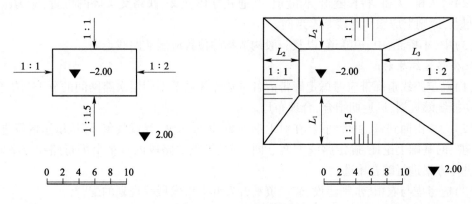

图 4.1-14　基坑的高程投影

分析:地面高程为 2m,因此开挖线实际上就是各坡面上高程为 2m 的等高线;坡面交线就是相邻两坡面上高程相同的等高线的交点的连线。

作图步骤如下:

(1)作出各坡面上高程为 2m 的等高线,它们分别与坑底的相应底边线平行,水平距离分别为 $L_1 = 4m \times 1.5 = 6m$, $L_2 = 4m \times 1 = 4m$, $L_3 = 4m \times 2 = 8m$。

(2)连接坑底和坑顶的各对应顶点,即得各坡面交线。

(3)将结果加深,画出各坡面的示坡线,完成作图。

任务二　道路路线工程图

(1)知道道路路线的线形组成及线形设计要素。
(2)知道道路路线设计的基本内容。
(3)能够识读道路路线工程图。

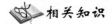

道路路线是指道路沿长度方向的行车道中心线。从空间上看道路路线是一条空间曲线,道路路线的线形选择受地形、地物和地质条件的限制,在平面上由直线和曲线段组成,在纵断面上由平坡和上、下坡段及竖曲线组成。

本任务要求学生在正确了解路线图基本知识的基础上能正确识读道路路线工程图。

一、道路路线设计概述

选线应包括确定路线基本走向、路线走廊带、路线方案至选定线位的全过程。路线走向及主要控制点的选定应符合下列规定:

(1)路线起、终点,必须连接的城镇、重要园区、工矿企业、综合交通枢纽,以及特定的特大桥、特长隧道等的位置,应为路线基本走向的控制点。

(2)特大桥、大桥、特长隧道、长隧道、互通式立体交叉、铁路交叉等的位置,应为路线走向控制点,原则上应服从路线基本走向。

(3)中、小桥涵,中、短隧道,以及一般构造物的位置应服从路线走向。

1. 公路选线原则

(1)确定路线走廊带应考虑走廊带内各种运输体系及不同层次路网间的分工与配合,按照其功能统筹规划,远近期结合,合理布局。

(2)必须由面到带、由带到线,在对地形地貌、地质水文、气候气象、环境敏感区等进行调查与勘察的基础上论证、确定路线方案。同一起、终点的路段内有多个可行路线方案时,应对各设计方案进行综合比选。

(3)应考虑与农田、水利建设、矿产资源开发和城市发展等规划的配合。

(4)应充分利用建设用地,严格保护农用耕地;应保护生态环境,并同当地景观相协调。

(5)应尽可能避让不可移动文物、水源地和自然保护区。

(6)应保持与易燃、易爆等危险源及污染源间的安全距离。

(7)对于公路改扩建工程,应注重节约资源,坚持利用与改扩建相结合的原则,合理、充分利用原有工程。

2.公路选线的要求

(1)对路线所经区域、走廊带及其沿线的工程地质和水文地质应进行深入调查、勘察,查清其对公路工程的影响程度。遇有不良工程地质的地段应视其对路线的影响程度,分别对绕、避、穿等方案进行比选论证。

(2)调查沿线各类敏感点及矿产资源,并研究其对路线方案的影响,合理选择线位。

(3)高速公路和一级公路与沿线主要交通源衔接时,应利用区域路网或新建连接道路。

(4)二级公路、三级公路在遵循项目总体功能和走向的基础上,应尽量避免穿越城镇。

(5)应协调桥梁、隧道、互通式立体交叉、服务区等构造物的位置和高程等关系。

(6)应综合考虑与相关公路、铁路、输电线路、油气管道等的平行或交叉关系,合理利用走廊带资源,节约占地。

(7)平原区选线宜采用较高的技术指标,尽量避免采用长直线或小偏角平曲线。

(8)山岭区选线应充分利用地形条件,合理确定垭口位置,应尽量避免高填深挖等现象。

(9)沿河(溪)线选线时,应根据设计洪水位,结合地形、地质合理确定线位高程,必要时应对桥梁与路基方案进行比选论证。

道路路线的设计成果包括平面图、纵断面图和横断面图三部分,三类图分别从不同角度展现道路的空间位置、线形和尺寸。

二、道路路线设计要素

为使道路线形适应汽车行驶轨迹要求,达到安全、舒适的目的,城市道路线形设计常采用的线形要素有:直线和圆曲线,除此之外,在道路线形设计中,由于地形和施工条件的特殊性,常常还需要设置缓和曲线、超高和加宽。

1.直线

直线是两点间距离最短的路线,特点是里程短,营运经济,行车视距良好,乘坐平稳、舒适。但直线线形缺乏灵活性,大多难于与地形、地物相协调,强定直线往往造成工程量大,破坏自然条件等问题,而且过长的直线易使驾驶人员感到单调、疲倦,难以目测车间距离,易于产生尽快驶出直线的烦躁情绪。因而线形设计要求曲线长度与直线长度有合理的比例,并根据地形、地物、自然景观以及驾驶员的视觉反应和心理上的承受能力来确定直线的最大和最小长度。

(1)直线的最大长度

直线的长度不宜过长。受地形条件或其他特殊情况限制而采用长直线时,应结合沿线具体情况采取相应的技术措施。

(2)直线的最小长度

两圆曲线间以直线径相连接时,直线的长度不宜过短,并应符合以下规定:当设计速度大于或等于60km/h时,同向圆曲线间最小直线长度(以 m 计)以不小于设计速度(以 km/h 计)的 6 倍为宜;反向圆曲线间的最小直线长度(以 m 计)以不小于设计速度(以 km/h 计)的 2 倍为宜。当设计速度小于或等于 40km/h 时,可参照上述规定执行。

2. 圆曲线

各种道路都应设置平曲线,其中圆曲线是平面线形中的主要组成部分。圆曲线的基本特点是比较容易适应地形的变化,又能引起驾驶员的注意,且从正面可看到路侧的景观,起到诱导视线的作用,增加行车安全性。

(1)圆曲线半径的确定

道路平面设计中,对于曲线半径的具体选定应与设计速度相适应。圆曲线最小半径应根据设计速度,按表4.2-1确定。圆曲线最大半径值不宜超过 10000m。

圆曲线最小半径　　表 4.2-1

设计速度(km/h)		120	100	80	60	40	30	20
圆曲线最小半径(一般值)(m)		1000	700	400	200	100	65	30
圆曲线最小半径（极限值）(m)	$I_{max}=4\%$	810	500	300	150	65	40	20
	$I_{max}=6\%$	710	440	270	135	60	35	15
	$I_{max}=8\%$	650	400	250	125	60	30	15
	$I_{max}=10\%$	570	360	220	115	—	—	—

注：“一般值”为正常情况下的采用值；"极限值"为条件受限制时可采用的值；"I_{max}"为采用的最大超高值；"—"为不考虑采用对应最大超高值的情况。

(2)圆曲线的平面布设

图 4.2-1 所示为不带缓和曲线的平曲线布设。

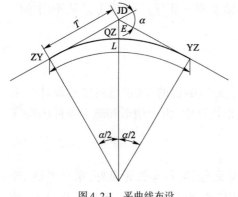

图 4.2-1　平曲线布设

其中,各主点桩技术符号如下:

JD——交点(转角点);

ZY——直圆(圆曲线起点);

QZ——曲中(圆曲线中点);

YZ——圆直(圆曲线终点);

R——平曲线半径;

α——偏角。

(3)圆曲线几何要素计算

在圆曲线半径确定后,根据平面导线转角 α 值,按式(4.2-1)计算圆曲线各几何要素。

切线长：$T = R\tan\dfrac{\alpha}{2}$

外距：$E = R\left(\sec\dfrac{\alpha}{2} - 1\right)$　　(4.2-1)

曲线长：$L = \dfrac{\pi}{180°}R\alpha$

3. 回旋线

当选用的半径小于不设超高的半径时(表4.2-2),为了适应汽车行车轨迹需要在圆曲线与直线间,或圆曲线与圆曲线间设置曲率半径连续变化的曲线——回旋线,可使离心力从零逐渐变化到定值,如图 4.2-2 所示。

不设超高的圆曲线最小半径 表 4.2-2

设计速度(km/h)		120	100	80	60	40	30	20
不设超过圆曲线最小半径(m)	路拱≤2%	5500	4000	2500	1500	600	350	150
	路拱>2%	7500	5250	3350	1900	800	450	200

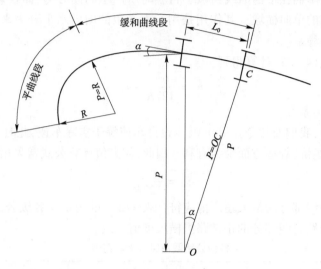

图 4.2-2　回旋线示意图

回旋线长度 L_s 的确定要从三个方面加以控制。

(1)控制离心加速度的变化率在一定范围内,不能使离心力产生的横向力过大,可按式(4.2-2)计算:

$$L_s = 0.0215 \frac{v^3}{\alpha_s R} \tag{4.2-2}$$

式中:α_s——离心加速度的变化率,$\alpha_s = 0.3 \sim 0.7 \text{m/s}^3$。

(2)回旋线上行驶时间不宜过短,以使驾驶员有足够时间调整方向,适应前面变化了的情况,可按式(4.2-3)计算:

$$L_s \geq \frac{v}{3.6} t \tag{4.2-3}$$

式中:t——在缓和曲线上的行驶时间,$t = 2.5 \sim 4\text{s}$。

(3)超高附加坡不宜过陡,以避免车辆在回旋线上行驶急剧变化而左右摇摆,当弯道超高是绕路面内侧旋转时,可按式(4.2-4)计算:

$$L_s = \frac{B i_y}{\Delta i} \tag{4.2-4}$$

式中:B——路面与路肩宽度之和;

i_y——超高后路面横坡。

以上三式计算结果取 5 的整数倍后,选其大值作为缓和段长度。

回旋线长度应随圆曲线半径的增大而增长。

圆曲线按规定需设置超高时,回旋线长度应不小于超高过渡段长度。回旋线最小长度应符合表 4.2-3 的规定。

回旋线最小长度　　　　　　表4.2-3

设计速度(km/h)	120	100	80	60	40	30	20
回旋线最小长度(m)	100	85	70	50	35	25	20

注：四级公路为超高、加宽过渡段长度。

4. 超高

超高是为抵消车辆在平面曲线路段上行驶时所产生的离心力，而在该路段横断面上设置的外侧高于内侧的单向横坡。其作用是用车重产生的向内水平分力来抵消部分离心力，以利于行车安全与稳定。

超高横坡由式(4.2-5)计算得到：

$$i_y = \frac{v^2}{127R} - \mu \tag{4.2-5}$$

式中：μ——横向力系数。

在实际计算中，我们通常令 μ 等于0，令设计车速等于实际车速，此时得到的任意半径超高值对行车安全、经济、舒适方面最为有利。因此，超高值计算公式常采用式(4.2-6)。

$$i_y = \frac{v_A^2}{127R} \tag{4.2-6}$$

各级公路圆曲线部分的最大超高值应符合表4.2-4的规定。各级公路圆曲线部分的最小超高值应与该公路直线部分的正常路拱横坡度值一致。

各级公路圆曲线最大超高值　　　　　　表4.2-4

公路技术等级	高速公路、一级公路	二级公路、三级公路、四级公路
一般地区(%)	8 或 10	8
积雪冰冻地区(%)	6	
城镇区域(%)	4	

注：一般地区公路，圆曲线最大超高应采用8%；已通行中、小型客车为主的高速公路和一级公路，最大超高可用10%。

二级公路、三级公路、四级公路接近城镇且混合交通量较大的路段，车速受到限制时，其最大超高值可按表4.2-5采用。

车速受限制时的最大超高值　　　　　　表4.2-5

设计速度(km/h)	80	60	40	30	20
超高值(%)	6	4	2		

为了使道路从直线段的双坡横断面转变到曲线段具有超高的单坡倾斜横断面，需要有一个逐渐变化的过渡段，称为超高过渡段，如图4.2-3所示。其超高渐变率应根据旋转轴的位置按表4.2-6确定。

超高过渡宜在回旋线全长范围内进行。当回旋线较长时，其超高过渡段应设在回旋线的某一区段范围内，超高过渡段的纵向渐变率不得小于1/330，全超高断面宜设在缓圆点或圆缓点处。

5. 加宽

汽车在弯道上行驶时，车身占用路面宽度比在直线路段行驶时要大，如图4.2-4所示，为了使汽车在转弯时不侵占相邻车道，曲线路段的行车道应进行加

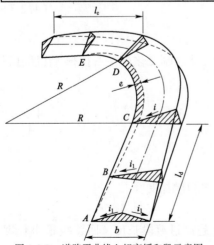

图4.2-3　道路平曲线上超高缓和段示意图

宽来满足车辆转弯行驶需要。加宽量的取值取决于以下两个方面。

超 高 渐 变 率　　　　　　　　　　　　表 4.2-6

设计速度(km/h)	超高旋转轴位置	
	中线	边线
120	1/250	1/200
100	1/225	1/175
80	1/200	1/150
60	1/175	1/125
40	1/150	1/100
30	1/125	1/75
20	1/100	1/50

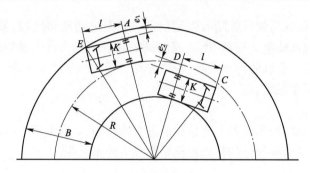

图 4.2-4　道路加宽示意图

(1)汽车轮迹需要

弯道上行驶的汽车,各个车轮行驶轨迹是不同的,后轴内侧轮行驶轨迹半径最小,前轴外侧轮行驶轨迹半径最大,因而在车道内侧需要加宽路面,来满足后轴内侧轮行驶要求,加宽量值随半径减小而增加。

(2)汽车行驶摆动需要

汽车做曲线行驶时,由于行驶方向与驱动方向不一致,会造成行驶摆动。行驶摆动随速度的提高而增大,随半径的变小而增大。因此,也考虑曲线路段行车道加宽,用以满足行车摆动需要,以保证行车安全。

二级公路、三级公路、四级公路的圆曲线半径小于或等于250m时,应设置加宽。双车道公路路面加宽值应符合表4.2-7的规定,圆曲线加宽值应根据公路功能、技术等级和实际交通组成确定,并应符合相应规定[详见《公路路线设计规范》(JTG D20—2017)]。

双车道路面加宽值(m)　　　　　　　　　　　　表 4.2-7

加宽类型	设计车辆	圆曲线半径(m)							
		200~250	150~200	100~150	70~100	50~70	30~50	25~30	20~25	15~20
第1类	小客车	0.4	0.5	0.6	0.7	0.9	1.3	1.5	1.8	2.2
第2类	载重汽车	0.6	0.7	0.9	1.2	1.5	2	—	—	—
第3类	铰接列车	0.8	1	1.5	2	2.7	—	—	—	—

注:单车道公路路面加宽值应为表列规定值的一半。

曲线上的路面加宽,一般系利用减少内侧路肩宽度来设置。但当加宽后路肩剩余宽度不足一半时,则路基亦应加宽,主要是为了安全。从加宽前的直线段到全加宽的曲线段,其长度应与超高缓和段或回旋线长度相等。

如遇到不设回旋线与超高的平曲线,其加宽过渡段长度亦不应小于10m,并按直线比例方式逐渐加宽,当受地形、地物限制,采取内侧加宽有困难时,也可将加宽全部或部分设置在曲线外侧。

当设置回旋线或超高过渡段时,加宽过渡段长度应按渐变率为1:15且长度不小于10m的要求设置。二级公路、三级公路、四级公路的加宽过渡应在加宽过渡段全长范围内,按其长度成比例增加的方式设置。

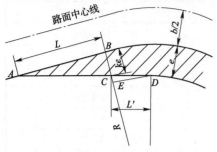

图 4.2-5 加宽过渡段

加宽过渡段见图4.2-5。

6. 行车视距

为了行车安全,保证驾驶员能随时看到前方一定距离的道路路段,发现道路上的障碍、迎面来车及时采取制动或避让措施,所必需的最短路段距称为行车视距。在平面线形和纵断面线形设计中都应有足够的行车视距,否则容易引发交通事故。平面行车视距有三种:停车视距、会车视距、超车视距。

(1)停车视距

汽车在公路上行驶,当驾驶员发现路面前方有障碍物,经判断后,采取制动措施,使汽车在障碍物前停止,这一必须保证的最短安全距离称为停车视距。

$$S_T = S_1 + S_2 + S_3$$

式中:S_T——停车视距;

S_1——驾驶员反应与判断时间内行驶的距离;

S_2——从开始制动到完全停止时汽车行驶的距离;

S_3——安全距离,一般为 5~10m。

(2)会车视距

在同一车道上对向行驶的汽车能及时制动所必需的最短安全距离,是停车视距的2倍。

(3)超车视距

汽车在双车道以上的道路上行驶,当后面的快车要超越前面的慢车时,从开始加速驶离原车道起,至可见对向来车并能超车后安全驶回原车道所需的最短安全距离为超车视距。

$$S_H = S_1 + S_2 + S_3 + S_4$$

式中:S_H——超车视距;

S_1——加速行驶距离;

S_2——在对向车道行驶的距离;

S_3——超车后的安全距离;

S_4——对向汽车行驶的距离。

(4)平面弯道上视距的保证

弯道内侧行车,视线可能被树木、建筑物、路堑边坡其他障碍物阻挡,故弯道内侧视距曲线范围内不能有任何障碍物,如有遮挡,则必须清除视距曲线范围内的障碍物。如图4.2-6所示。

(5)竖曲线上视距的保证

夜间在小半径凸形竖曲线上行驶时,车头灯光高出路面,难照到高度较低处的路面障碍物;白天行车亦可能被变坡处阻挡,故应采用大半径的竖曲线;在凹形竖曲线地段,路树的上部树枝可能阻碍驾驶员视线,应注意植树地点或经常修剪枝叶,如图4.2-7所示。

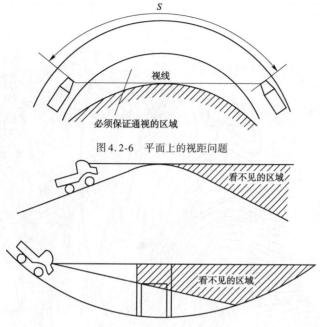

图4.2-6 平面上的视距问题

图4.2-7 纵断面上的视距问题

高速公路、一级公路的视距应采用停车视距。高速公路、一级公路的一般路段,每条车道的停车视距应不小于表4.2-8的规定。

高速公路、一级公路停车视距 表4.2-8

设计速度(km/h)	120	100	80	60
停车视距(m)	210	160	110	75

二级公路、三级公路、四级公路的视距应采用会车视距。受地形条件或其他特殊情况限制而采取分道行驶措施的路段,可采用停车视距。会车视距与停车视距应不小于表4.2-9的规定。

二级、三级、四级公路会车视距与停车视距 表4.2-9

设计速度(km/h)	80	60	40	30	20
会车视距(m)	220	150	80	60	40
停车视距(m)	110	75	40	30	20

二级公路、三级公路、四级公路双车道公路,应间隔设置满足超车视距的路段。具有干线功能的二级公路宜在3min的行驶时间内,提供一次满足超车视距要求的超车路段。超车视距最小值应符合表4.2-10的规定。

超车视距最小值 表4.2-10

设计速度(km/h)		80	60	40	30	20
超车视距最小值(m)	一般值	550	350	200	150	100
	极限值	350	250	150	100	70

注:"一般值"为正常情况下的采用值;"极限值"为条件受限时可采用的值。

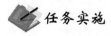

任务:识读图4.2-8所示路线平面图。

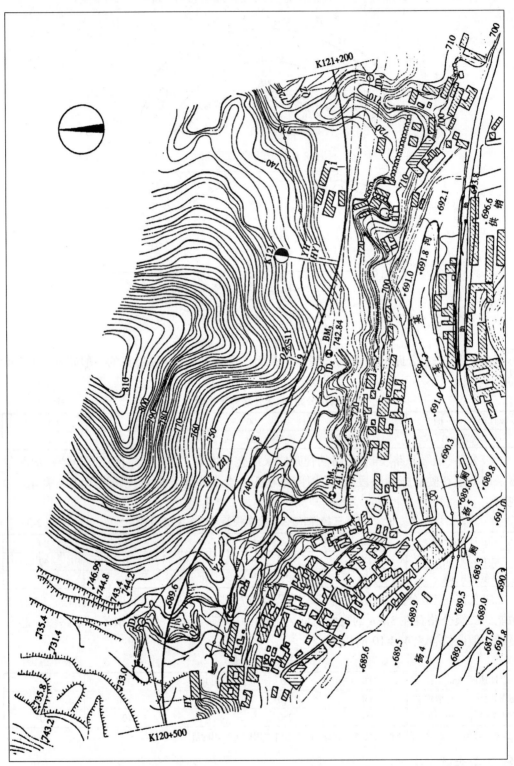

图 4.2-8 路线平面图

任务三　道路平面图

学习目标

(1)知道道路平面图包含的内容。
(2)能够正确识读道路平面图。

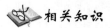任务描述

道路平面图是运用正投影的方法,先根据高程投影或地形地物图例绘制出地形图,然后将道路设计平面的结果绘制在地形图上得到的图样。通过道路平面图,可以了解道路的方向、平面线形、两侧地形地物情况、路线的横向布置、路线定位等诸多内容。图4.3-1为某道路的平面图。

本任务要求学生在了解平面图基本知识的基础上能够正确识读道路平面图。

相关知识

一、道路平面图的内容

1.地形部分

(1)图样比例:选择图样比例的标准是要能够清晰表达图样,地形图一般常采用的比例是1:1000,城市规划图一般采用1:500,道路平面图一般采用1:5000。图4.3-1所示平面图的比例为1:2000。

(2)方位:地形图中方位的作用是标明道路路线的走向,通常采用测量坐标网或者指北针来表示。指北针表示时,应在适当位置画出标准的指北针符号,箭头所指为正北方向。坐标网表示时,X轴向表示南北方向(X坐标增加方向为正北),Y轴向表示东西方向(Y坐标增加方向为正东)。坐标值的标注应靠近被标注点,书写方向应平行网格或在网格延长线上数值前标注坐标轴线代号。如"X3000,Y2000"表示两垂直线的交点坐标为距坐标网原点北3000、东2000单位(m)。

(3)地形:地形情况采用等高线或者地形点表示。图4.3-1是采用等高线表示的,相邻等高线高差为2m,每隔10m有一条加粗(计曲线)等高线,并标出相应的高程数字。由等高线的疏密情况可以看出地势的高低,根据该图可以看出,该地区西南地势较高。

(4)地貌和地物:平面图中地物一般用标准规定的图例表示,如河流、房屋、道路、桥梁、电力线、植被等道路工程中常用的图例见表4.3-1。从图4.3-1可以看出,该地区为大片旱地,并载有农作物,在K57+000和K57+200附近有两处鱼塘。老路为弹石路,老路通过鱼塘的地方有桥梁,图中还示出了小路、控制点、电力线等的位置。

除此之外,道路平面图中还应标明水准点的位置和编号,图4.3-1中,$\dfrac{BM2}{667.5}$表示第2个水准点,高程为667.5m。

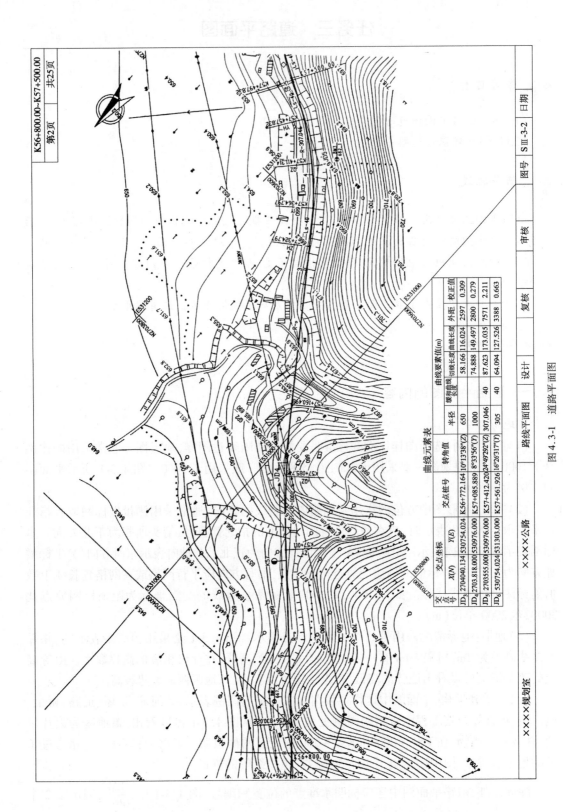

图 4.3-1 道路平面图

道路工程平面图常用地物图例　　　　　表 4.3-1

名称	图例	名称	图例	名称	图例
机场		港口		井	
学校		交电室		房屋	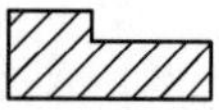
土堤	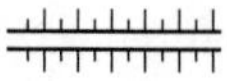	水渠	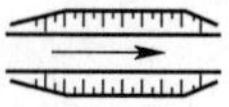	烟囱	
河流		冲沟		人工开挖	
铁路		公路		大车道	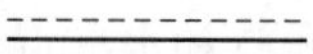
小路		低压电力线 高压电力线	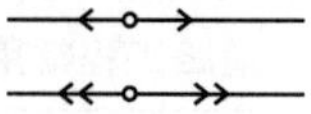	电讯线	
果园		旱地		草地	
林地		水田		菜地	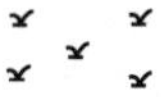
导线点		三角点		图根点	
水准点		切线交点		指北针	

2. 路线部分

(1) 道路规划红线：用双点画线表示，表示道路的用地界限。任何不符合设计要求的建筑物不得侵占道路规划红线。

(2) 道路中心线：用细点画线表示。由于道路的宽度相对于长度而言尺寸小得多，所以路线平面图以一条粗实线表示道路设计线。

(3) 桩号：桩号反映的是道路总长度和各分段长度，终点桩号减去起点桩号代表道路总长度，里程桩号应从路线起点到终点由小到大依次编号，并规定在平面图中路线的前进方向是从左向右。直线路段每隔 50m 一个桩号，曲线路段每 20m 一个桩号，在特殊构筑物地段、地质复杂地段要加桩。一般来讲，里程桩号分公里桩和百米桩两种，公里桩宜标注在路线前进方向的左侧，用符号""表示桩位，用数字表示桩号，且注写在符号的上方，如"K57"，表示距路线起点 57km。百米桩用垂直于路线的细短线表示桩位，用阿拉伯数字表示百米数，注写在短线的端部。如图 4.3-1 所示，该图中在"K57"公里桩的前方注写的"3"表示该处的里程桩号为"K57+300"，即该点距路线起点的距离为 57300m。

(4) 平曲线要素：路线的平面线形包含直线和曲线两类几何元素，而曲线又包含缓和曲线与圆曲线。由道路的使用功能决定。道路平面图中是用路线转点编号来表示平曲线个数的，JD_1 表示为第一个平曲线，如图 4.3-2 所示，α 角为路线转向的折角，R 为圆曲线半径，T

为切线长,L 为曲线长,E 为外矢距。图4.3-2 中曲线控制点有 ZH(直缓)点、HY(缓圆)点、QZ(曲中)点、YH(圆缓)点和 HZ(缓直)点。

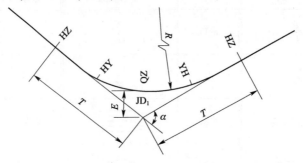

图 4.3-2 道路平曲线要素示意图

(5)结构物和控制点:在平面图上还应标出道路沿线的结构物和控制点,如桥梁、涵洞、三角点和水准点等。道路工程常用结构物图例如表4.3-2 所示,结合此表可从图4.3-1 中了解到道路沿线结构物的位置、类型和分布情况,以及控制点的坐标和高程。

道路工程常用结构图例　　　　表 4.3-2

项目	序号	名称	图例	项目	序号	名称	图例
平面	1	涵洞		纵断面	12	箱涵	
	2	通道			13	管涵	
	3	分离式立交 a. 主线上跨 b. 主线下穿			14	盖板涵	
	4	桥梁 (大、中桥梁按实际长度绘)			15	拱涵	
	5	互通式立交 (按采用形式绘)			16	箱型通道	
	6	隧道			17	桥梁	
	7	养护机构			18	分离式立交 a. 主线上跨 b. 主线下穿	
	8	管理机构					
	9	防护网			19	互通式立交 a. 主线上跨 b. 主线下穿	
	10	防护栏					
	11	隔离墩					

二、道路平面图的识读步骤

（1）首先了解地形地物情况：根据平面图图例及等高线的特点，了解该图样反映的地形地物状况、地面各控制点高程、构筑物的位置、道路周围建筑物的情况及性质、已知水准点的位置及编号、坐标网参数或地形点方位等。

（2）阅读道路设计情况：通过起点和终点桩号确定道路长度，查看道路规划红线、设计中心线和平曲线几何要素等，依次阅读道路中心线、规划红线、机动车道、非机动车道、人行道、分隔带、交叉口及道路中曲线设置情况等。

（3）了解道路方位及走向，路线控制点坐标、里程桩号等。

（4）阅读地形地物资料，获知道路所处地质特征，主要包括地形地物状况、控制点高程、构筑物情况、水准点位置和编号等。

（5）查出图中所标注水准点位置及编号，根据其编号到有关部门查出该水准点的绝对高程，以备施工中控制道路高程。

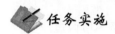任务实施

任务： 图4.3-3 所示为某城市道路平面图，从该图能得到哪些信息呢？

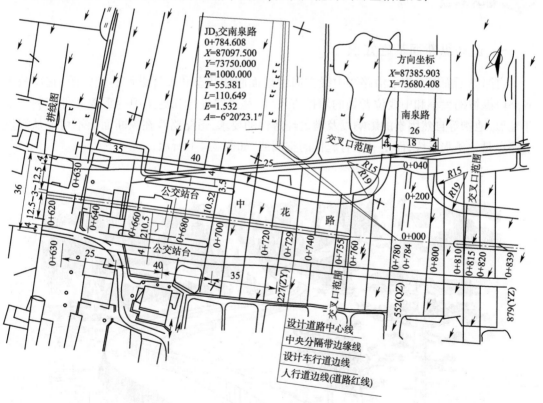

图4.3-3　城市道路平面图

在图4.3-3中，指北针位于右上角，道路周边有坟地、林地和水田。交叉口处坐标是(87385,73680)，每隔20m一个桩，特殊位置处桩号适当加密，交叉口处桩号为0+784，该处桩号有一平曲线，半径为1000m，切线长为55m，转角为6°，该城市道路对向机动车道以中央分隔带分流，设计有港湾式公交站台。

任务四　道路纵断面图

学习目标

(1)知道道路纵断面图包含的内容。
(2)能够正确识读道路纵断面图。

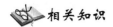任务描述

道路纵断面图是指通过沿着道路中心线用假想的铅垂面进行剖切,展开后进行正投影所得到的图样,通过纵断面图可以清楚了解道路沿纵向的设计高程变化、地质情况、填挖情况、原地面高程、桩号等多项图示内容和数据。

本任务要求学生在正确了解纵断面图基本知识基础上能正确识读道路纵断面图。

相关知识

一、道路纵断面基础知识

道路纵断面图是表示沿路线中线方向的地面起伏状态和设计纵坡的线状图,它反映出各路段纵坡的大小和中线位置处的填挖方尺寸,是道路设计和施工中的重要文件资料。由于地形、地物等自然因素的影响以及满足经济性的要求,道路路线在纵断面上不可能从起点至终点是一条水平线,而是一条有起伏的空间线,如图4.4-1所示。

图 4.4-1　道路纵断面示意图

1. 道路纵坡

纵坡的大小用坡度值表示,纵坡是两点间高差 h 与两点水平距离 L 之比的百分数,坡度值为正表示上坡,坡度值为负表示下坡。最大纵坡指道路容许采用的最大坡度值,这是道路纵断面设计的重要控制指标,主要取决于汽车的动力性能、道路等级和自然因素,另一方面还必须保证行车安全,高速公路受地形条件或其他特殊情况限制时,经技术经济论证合理,最大纵坡可以增加 1%,平原、微丘区一般不大于 2%~3%,山岭、重丘区一般不大于 4%~5%。

城市道路最大纵坡的制定考虑公路的制定依据外,还需要考虑非机动车特别是自行车的行驶要求。新建道路机动车道最大纵坡应采用小于或等于最大纵坡一般值;改建道路、受地形条件或其他特殊情况限制时,方可采用最大纵坡极限值,见表 4.4-1。

城市道路机动车最大纵坡　　　　　　　表 4.4-1

设计速度(km/h)		100	80	60	50	40	30	20
最大纵坡度(%)	一般值	3	4	5	5.5	6	7	8
	极限值	4	5	6		7	8	

除城市快速路外的其他等级道路,受地形条件或其他特殊情况限制时,经技术经济论证后,最大纵坡极限值可增加 1%。

积雪或冰冻地区的快速路最大纵坡不应大于 3.5%,其他等级道路最大纵坡不应大于 6%。

城市道路最小纵坡不应小于 0.3%,当遇到特殊困难纵坡小于 0.3% 时,应设置锯齿形边沟或采取其他排水措施。

2. 竖曲线

纵断面上相邻两条纵坡线相交的转折处,为了行车平顺用一段曲线来缓和,称为竖曲线。竖曲线的形状,通常采用平曲线或二次抛物线两种,在设计和计算中抛物线更为方便,所以一般采用二次抛物线的形式。当竖曲线转坡点在曲线上方时为凸形竖曲线,反之为凹形竖曲线。

(1) 竖曲线几何要素计算

如图 4.4-2 为竖曲线示意图,T 为竖曲线切线长,ω 为转坡角,R 为竖曲线半径,L 为曲线长,E 为外距值,几何要素计算公式如下:

$$\left.\begin{array}{c} T = \dfrac{1}{2}R\omega \\ L = R\omega \\ E = \dfrac{T^2}{2R} \end{array}\right\} \quad (4.4\text{-}1)$$

(2) 竖曲线的坐标和方程

竖曲线坐标原点是设在曲线的起点与终点处,如图 4.4-2 所示,坐标点的桩号为:

起点桩号 = 变坡号桩号 − T

终点桩号 = 变坡号桩号 + T

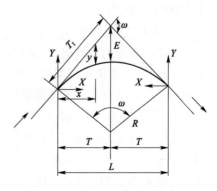

图 4.4-2　竖曲线基本要素

竖曲线高程修正值方程如式(4.4-2)：

$$y_i = \frac{x_i^2}{2R} \tag{4.4-2}$$

竖曲线上设计高程计算，在竖曲线路段内，竖曲线上的设计高程是根据任意桩点上切线的高程与对应的高程修正值得到的，即：

凸曲线设计高程 = 切线高程 – 高程修正值

凹曲线设计高程 = 切线高程 + 高程修正值

二、道路纵断面图的内容

道路纵断面图上，通过路中线的原地面上各点的高程，称为地面高程，相邻地面高程的起伏折线的连线，称为地面线。设计公路的路基边缘相邻高程的连线，称为设计线。设计线上表示路基边缘各点的高程，称为设计高程。在同一横断面上设计高程与地面高程之差，称为施工高度。当设计线在地面线以上时，路基构成填方路堤；当设计线在地面线以下时，路基构成挖方路基。

道路纵断面图传达的信息有很多，主要表达道路的纵向设计线以及沿线地面的高低起伏状况、地质和沿线设置构造物的概况。路线纵断面图包括三部分：高程标尺、图样部分和图表部分，《道路工程制图标准》(GB 50162—92)第3.2.1规定，图样应在图幅上部，测设数据应布置在图幅下部，高程标尺应布置在测设数表上方左侧。

如图4.4-3所示，图样部分在图的上半部，从左至右有两条贯穿全图的线。一条是细折线，表示中线方向的实际地面线，它是以里程为横坐标、高程为纵坐标，根据测量的中桩地面高程绘制的。图中另一条是粗线，是包含竖曲线在内的总评设计线，是设计师绘制的。此外，图上还注有水准点的位置和高程，桥涵的类型、孔径、跨数、长度、里程桩号和设计水位，竖曲线示意图及其曲线元素，同公路、铁路交叉点的位置、里程及有关说明。图表部分位于图的下部，主要是有关测量及纵坡设计的资料。

1. 图样内容

(1)路线纵断面图的水平方向表示路线的长度，竖直方向表示设计高程和地面高程。在纵断面图中，路线长度相对于道路垂直方向的高差来讲大很多，为了清晰表达道路的高程变化，规范规定垂直方向的比例按水平方向比例放大20倍。如图4.4-3所示，该图的水平方向比例为1:2000，竖直方向比例为1:200，图上所画出的凸显坡度较实际坡度大，地形起伏看起来就比较明显了。

(2)在纵断面图中，有两种粗细不同的实线：粗实线和细实线。其中，不规则的细实线表示设计中心线处的原地面线，是根据若干中心桩的地面高程连接形成的。粗实线表示道路的设计高程线，由比较规则的直线和曲线组成，反映的是道路路面中心的设计高程，粗实线和细实线可以结合反映道路的填挖状态。

(3)当设计路面纵向坡度变更处的两相邻坡度之差的绝对值超过一定数值时，为了有利于车辆连续行驶，需要设置竖曲线。竖曲线有两种类型：凸形竖曲线和凹形竖曲线，分别用⌒和⌣表示，在符号处要注明竖曲线几何要素值，比如竖曲线半径R、切线长T、曲线长L和外矢距E等。如图4.4-3所示，在K102+920桩号处有一半径为8700m的凸曲线，该竖曲线变坡点的高程为900.42m，切线长为100m，外矢距为0.58。

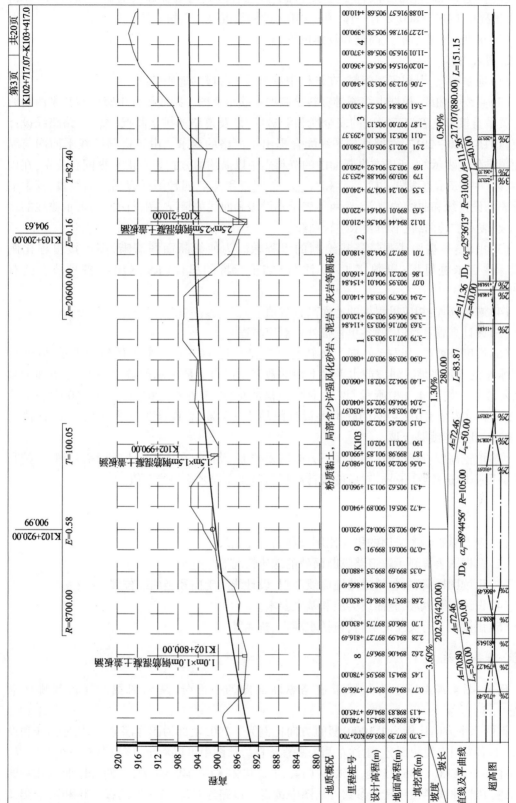

图 4.4-3 道路纵断面图

(4)构造物名称、规格和中心桩号,桥涵、隧道、涵洞、通道统称构造物。如图 4.4-3 所示,在里程桩 K102+800 处有一座 10m×10m 的钢筋混凝土盖板涵桥。

(5)水准点里程、编号、高程和具体位置。

2.图表内容

(1)地质情况:根据实测资料,在该栏中注出沿线各段的地质情况。

(2)直线与曲线:根据中线测量资料绘制的中线示意图。路线设计中竖曲线与平曲线的配合关系直接影响着汽车行驶的安全性和舒适性,以及道路的排水状况,故《公路路线设计规范》(JTG D20—2017)对路线的平纵配合提出了严格的要求。由于道路路线平面图与纵断面图是分别表示的,所以在纵断面图的资料表中以简约的方式表示出平纵配合关系,在该栏中,以"—"表示直线段,以"⌒"和"⌣"或"⊓"和"⊔"四种图样表示平曲线段,其中前两种表示设置缓和曲线的情况,后两种表示不设缓和曲线的情况,图样的凹凸表示曲线的转向,上凸表示右转曲线,下凹表示左转曲线。

(3)里程:根据中线测量资料绘制的里程数。为使纵断面图清晰,图上按里程比例尺只标注百米桩里程(以数字 1~9 注写)和千米桩的里程(K9、K10),桩号从左向右排列。

(4)地面高程:相应里程桩的地面高程数值。

(5)设计高程:设计出的各里程桩处的对应高程。

(6)坡度及坡长:从左至右向上倾斜的直线表示上坡(正坡),向下倾斜的表示下坡(负坡),水平的表示平坡。斜坡或水平线上面的数字是以百分数表示的坡度的大小,下面的数字表示坡长。如图 4.4-3 所示,该栏中第一格的标注"3.60%/202.93(420.00)"表示从 K102+717.07 至 K102+920.00 坡段设计纵坡为 3.6%,总设计长度为 420.00m,该段为 202.93m,此段路线是上坡。

(7)填挖高度:设计线在地面线下方时需要挖土,设计线在地面线上方时需要填土,挖和填的高度值应是各点(桩号)对应的设计高程与地面高程之差的绝对值。

三、道路纵断面图的识读

(1)查看纵断面图采用的里程比例尺和高程比例尺。
(2)根据图表资料了解道路纵断面处的地质情况。
(3)识读图样资料,包括道路地面线高程、设计线路走向和竖曲线位置。
(4)识读道路纵坡、竖曲线类型和基本要素。
(5)识读图上有关注记资料,包括水准点、桥涵等。

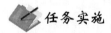
任务实施

任务:图 4.4-4 所示为某城市道路纵断面图的一部分,从该图我们能得到哪些信息呢?

该图水平方向比例为 1∶1000,竖直方向比例为 1∶100,上部为图样部分,包括地面线和设计线,下部为图表说明部分,图样左侧为高程标杆。从图中可以看出,该道路有三个变坡点,分别在桩号 ZEK0+936.25 处、ZEK1+014.14 处和 ZEK1+049.94 处,有两处凹曲线和一处凸曲线,其竖曲线半径和其他参数可从图中读得。道路经过一 13m 长的板梁桥和两个交叉路口。该部分道路为填方路段。

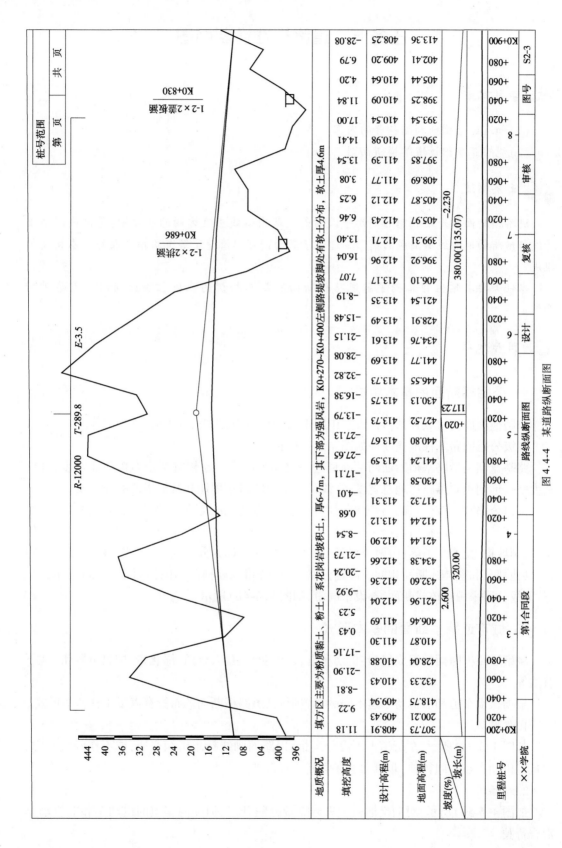

图 4.4-4 某道路纵断面图

任务五 道路标准横断面图

学习目标

(1)知道道路横断面图包含的内容。
(2)能够正确识读道路横断面图。

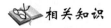

任务描述

道路横断面图是用假想的剖切平面沿着道路中心线垂直方向的断面图,是由横断面设计线与横断面地面线所围成的图形。通过横断面图可以清楚了解道路横断面的基本构造与组成。

本任务要求学生在正确了解道路横断面图基本知识的基础上能正确识读道路横断面图。

相关知识

一、公路横断面的基本组成

公路横断面的组成包括:行车道、中间带、路肩、边沟、边坡、截水沟、排水沟等。

各级公路的路基标准横断面如图4.5-1所示。

路基宽度是指路基横断面两端路肩边缘之间的距离。路幅宽度是指横断面宽度,红线宽度是指远期规划道路用地总宽度,红线是城市中的道路用地和其他用地的分界线。

高速公路和一级公路的路基横断面分为整体式和分离式两类,如图4.5-2、图4.5-3所示。上下行的公路的横断面由一个路基形成称为整体式,包括行车道、中间带、路肩、紧急停车带、爬坡道、变速车道等;由两个路基分别独立形成的称为分离式,分离式的断面没有中间带,其他部分和整体式断面相同。高速公路、一级公路标准横断面图如图4.5-4a)所示,二、三、四级公路采用整体式断面,不设中间带,如图4.5-4b)所示。

二、城市道路横断面的基本形式

城市道路横断面的组成包括:机动车道、非机动车道、人行道、绿化带、中央分隔带、地下管线等。

根据机动车道和非机动车道不同的布置形式,道路横断面的布置有以下4种基本形式。

1. 单幅路

如图4.5-5a)所示,车行道上不设分车带,以路面画线标志组织交通,或不作画线标志,但规定机动车在中间行驶,非机动车在两侧靠右行驶。

2. 双幅路

如图4.5-5b)所示,对向交通被中央分隔带分隔开来,但同向车道的机动车和非机动车混合行驶。

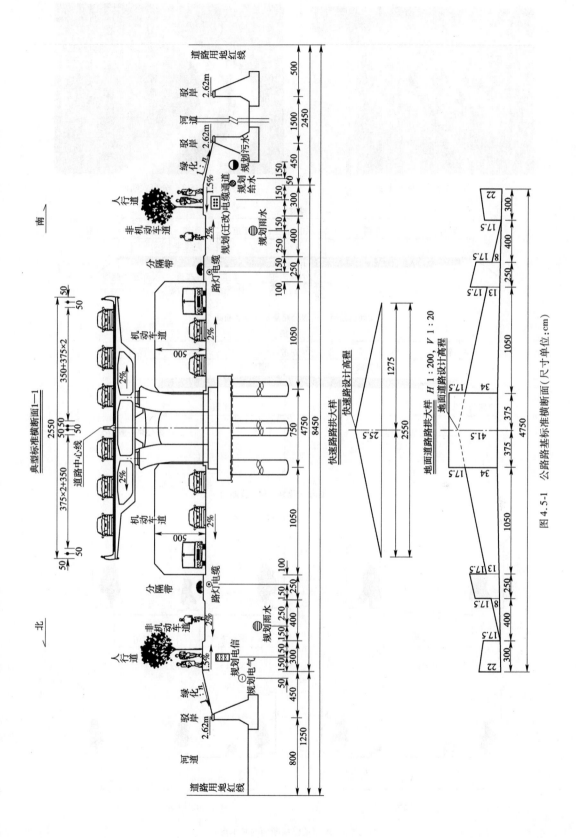

图 4.5-1 公路路基标准横断面（尺寸单位：cm）

图 4.5-2　整体式断面

图 4.5-3　分离式断面

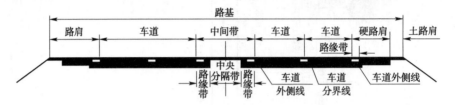

a)高速公路、一级公路路基标准横断面

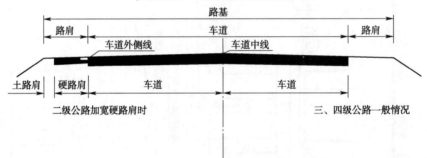

b)二、三、四级公路路基标准横断面

图 4.5-4　公路标准横断面图

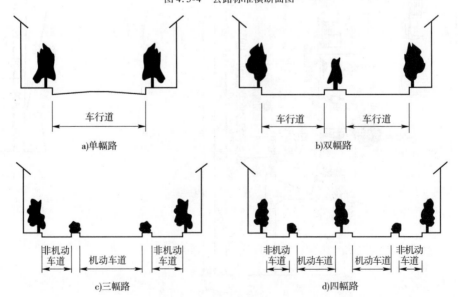

图 4.5-5　城市道路横断面的基本形式

3. 三幅路

如图 4.5-5c)所示,车行道被分为三部分,用两条分车带分隔机动车和非机动车。

4. 四幅路

如图 4.5-5d)所示,车行道被分为四部分,对向交通分流并且机非分隔。

4 种形式的横断面都有各自的优缺点和适用条件,单幅路适用于机动车交通量不大,非机动车交通量小的城市次干路、支路;双幅路适用于单向两条以上机动车车道,非机动车较少的道路;三幅路适用于机动车交通量不大,非机动车多的道路;四幅路适用于机动车量大,速度高的快速路。要根据实际情况,反复研究、综合比选来进行选定。

三、郊区道路横断面图的基本形式

郊区道路两侧多为菜地、仓库、工厂和住宅等,主要是指市区通往近郊工业区、文教区、风景区和机场等的道路。它的交通特点是以货运交通为主,行人与非机动车很少。该类道路的车行道有 2~4 条,路基几乎处于低填方或不填不挖状态,没有专门的人行横道,路面两侧有一定宽度的路肩并且采用明沟排水,其横断面形式如图 4.5-6 所示。

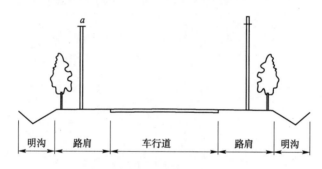

图 4.5-6 郊区道路横断面示意图

四、城市道路横断面图的图示与识读

(1)城市道路横断面图的设计结果采用标准横断面设计图表示。图样中要表示出机动车道、非机动车道、人行道、绿化带及分隔带等几大部分。

(2)城市道路横断面图中示出城市道路地上的电力、电讯等设施,地下有给水管、排水管、污水管、燃气管、地下电缆等公用设施的位置、宽度、横坡度等,称为标准横断面图。

(3)城市道路横断面图的比例,视道路等级要求而定,一般采用 1:100 或 1:200 的比例,很少采用 1:1000、1:2000 的比例。

(4)用细点画线段表示道路中心线,车行道、人行道用粗实线表示,并注明构造分层情况,标明排水横坡度,图示出红线位置。

(5)用图例示意出绿地、房屋、河流、树木、灯杆等;用中实线图示出分隔带设置情况;注明各部分的尺寸,尺寸单位为厘米;与道路相关的地下设施用图例示出,并注以文字及必要的说明。

任务实施

任务:图 4.5-7 所示为苏州园区某改建道路的标准横断面图,从图中可以看出,该横断

面图水平方向比例为1:200,竖直方向比例为1:20,该城市道路为四幅路,机非分隔,对向车道分隔,整条道路宽41m,车行道宽为21.9m,机动车道和非机动车道路拱均为2%。

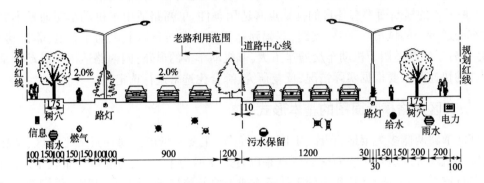

图 4.5-7 某道路标准横断面图(尺寸单位:cm)

项目五　路基、路面结构工程图识读

任务一　路基横断面图

学习目标

(1) 认识路基横断面结构。
(2) 描述路基结构的组成、作用及其图示特点。
(3) 能够熟练进行路基横断面图线形识读。

任务描述

道路在结构上的基本组成部分包括：路基、路面、桥梁、涵洞、隧道、防护工程（护坡、挡土墙、护脚等）、排水设备（边沟、截水沟、排水沟、盲沟、跌水、急流槽、过水路面、渗水路堤、倒虹吸等）和山区特殊构造物（半山桥、明洞）。此外，为保证汽车行驶的安全、畅通和舒适，尚要有各种工程，如交通标志、护栏、路用房屋、加油站、通信设施及绿化带等。

本任务要求学生在掌握几种常见路基断面图的基础上能够正确识读路基施工图。

相关知识

一、道路路基横断面图

道路路基是路面下以土石材料修筑，与路面共同承受行车荷载和自然力作用的条形结构物。路基是路面的基础，必须稳定坚实，路基横断面如图 5.1-1 所示。

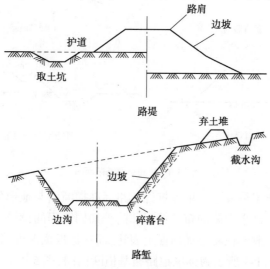

图 5.1-1　路基横断面示意图

路基横断面图的基本形式有填方路基(路堤)、挖方路基(路堑)、半填半挖路基、护肩路基、砌石路基、挡土路基、护脚路基、矮墙路基、沿河路基和利用挖渠土填筑路基等类型,如图 5.1-2 所示。路基的基本内容包括路基本体(即由地面线、路基顶面和边坡围起的土石方实体)、路基防护和加固工程。

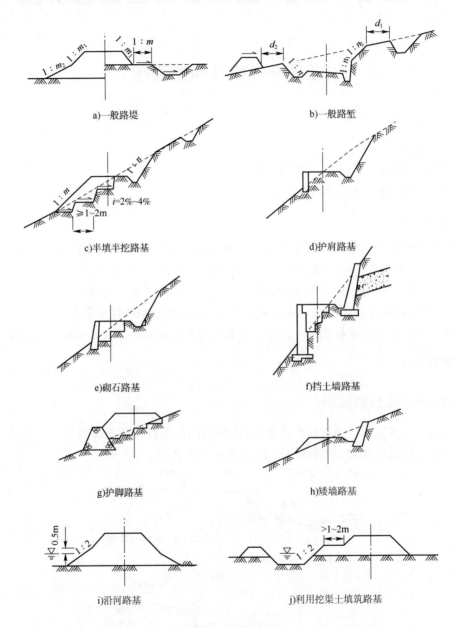

图 5.1-2　道路路基断面图

路基横断面图的作用是表达各里程桩处道路标准横断面与地形的关系,路基的形式、边坡坡度、路基顶面高程、排水设施的布置情况和防护加固工程的设计。

道路路基的结构一般不在路基横断面上表达,而在标准横断面或路基结构图上表达,或者采用文字说明。图 5.1-3 所示为标准道路路基横断面图,图 5.1-4 为一～四级公路整体式断面图。

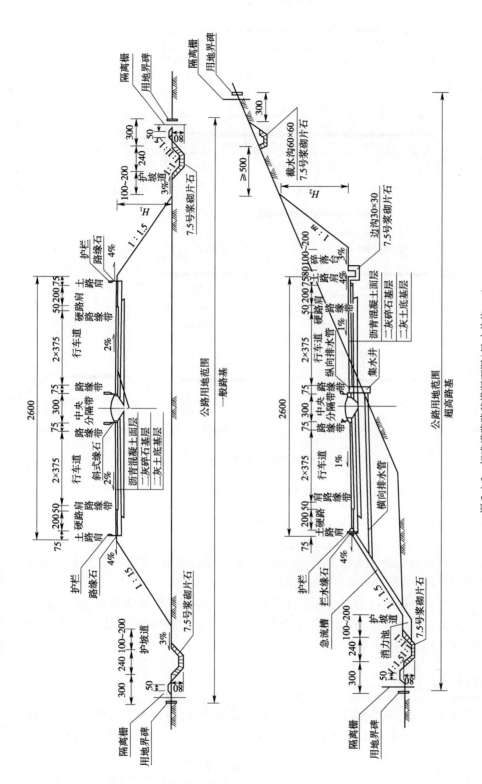

图 5.1-3 标准道路路基路横断面图（尺寸单位：cm）

注：路基标准横断面图应根据公路等级、规范、设计文件编制方法的规定以及工程实际情况进行绘制

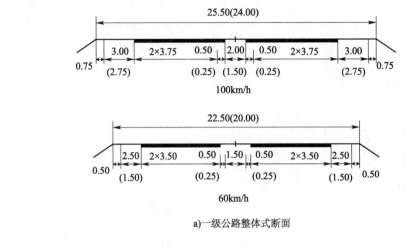

a)一级公路整体式断面

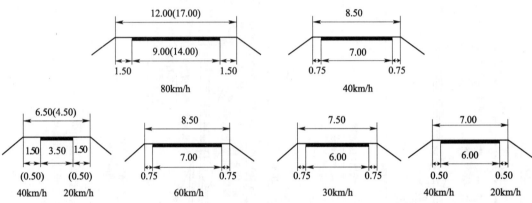

b)二、三、四级公路整体式断面

图 5.1-4　一～四级公路整体式断面图(尺寸单位:m)

二、高速公路路基

高速公路横断面是由中央分隔带、行车道、硬路肩和土路肩组成。图 5.1-5 所示为高速公路路基断面图,它分为整体式断面和分离式断面。

高速公路设置中央分隔带以分离对向的高速行车车流,并用以设置防护栅、隔离墙、标志和植树。路缘带起视线诱导作用,有利于安全行车。中央分隔带常用的形式有三种,用植树、防眩板、防眩网来防止眩光。

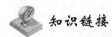知识链接

城市道路路基横断面图按照桩号,从下往上、从左往右排列,如图 5.1-6 所示。一般情况下,路基横断面图的地面线一律画细实线,设计线一律画粗实线。道路的超高、加宽也应在图中示出。

桩号应标注在图样下方,填高(h_T)、挖深(h_W)、填方面积(A_T)、挖方面积(A_W)应标注在图样右下方,并用中粗点画线示出征地界限。

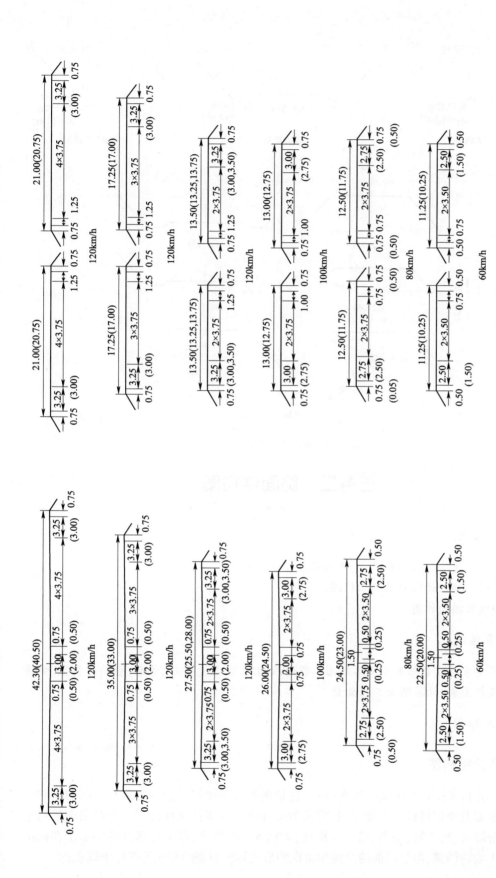

图 5.1-5 高速公路路基断面示意图（尺寸单位：m）

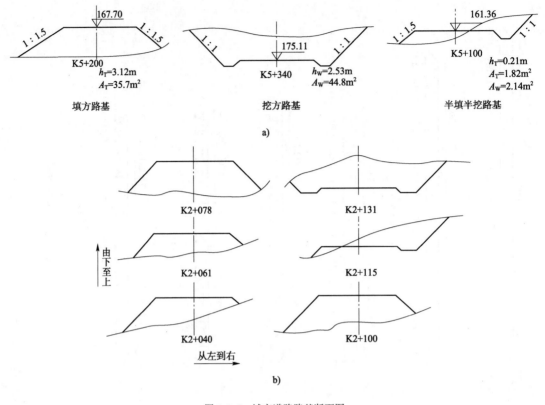

图 5.1-6 城市道路路基断面图

任务二 路面结构图

学习目标

(1)能够描述路面结构的组成、作用及其图示特点。
(2)能够正确识读路面结构工程图。
(3)知道路拱的作用。

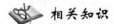任务描述

本任务要求学生能够熟悉公路路面工程的结构组成,熟悉面层、基层、垫层的类型,读懂路面结构设计图表,计算路面工程数量。

相关知识

一、路面结构图

路面是直接承受汽车碾压的行车地带,它是用各种坚硬材料铺筑于路基顶面的层状结构。路面根据其使用材料和性能不同,可分为柔性路面和刚性路面两类。公路路面横向主要由中央分隔带、行车道、路肩、路拱等构成,如图 5.2-1 所示,以上各部分的关系已在标准横断面图上表达清楚,但是路面的结构和路拱的形式等内容需绘制相关图样予以表达。

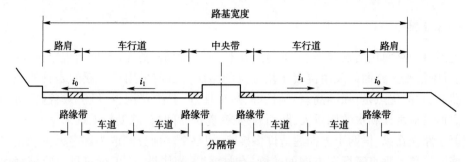

图 5.2-1 路面的横向组成

公路路面纵向结构层由面层、基层、垫层和联结层等组成,如图 5.2-2 所示。

1. 面层

在结构层最上面,直接承受车轮荷载反复作用和自然因素影响的结构层,可由一~三层组成,分别为磨耗层、上面层、下面层。

2. 基层

设置在面层之下,并与面层一起将车轮荷载的反复作用传递到底基层、垫层和土基中。

3. 垫层

它是底基层和土基之间的层次,它的主要作用是加强土基,改善基层的工作条件。联结层是在面层和基层之间设置的一个层次,它的主要作用是加强面层与基层之间的共同作用和减少基层的反射裂缝。

路基结构图的任务是表达各结构层的材料和设计厚度,当路面结构类型单一时,可在路面结构图上竖直引出线标注,如图 5.2-2b)所示。当路面结构类型较多时,可按各路段不同的结构分别绘制路面结构图,并标注材料符号(或名称)及厚度,如图 5.2-2c)所示。

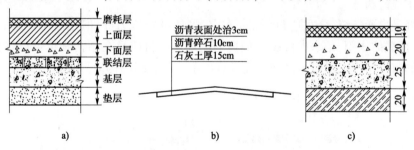

图 5.2-2 路面结构图(尺寸单位:cm)

目前常见的路面有沥青混凝土路面和水泥混凝土路面两种。

二、路拱

路拱采用什么曲线形式,应在图中予以说明,如抛物线线形的路拱,则应以大样的形式标出其纵、横坐标以及每段的横坡度和平均横坡度,以供施工放样使用,如图 5.2-3 所示。

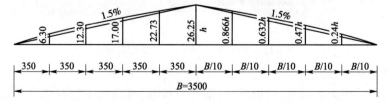

图 5.2-3 道路路拱大样图(尺寸单位:mm)

知识链接

水泥混凝土路面包括素混凝土、钢筋混凝土、连续配筋混凝土、预应力混凝土、装配式混凝土、钢纤维混凝土路面以及由混凝土块铺砌的路面。目前采用最广泛的是就地浇筑的素混凝土路面,它的优点是:强度高、稳定性好、耐久性好、养护费用少、经济效益高、有利于夜间行车。但是对水泥和水的用量大,路面有接缝,养护时间长,修复较困难。

混凝土路面在纵、横两个方向建造许多接缝,把整个路面分割成为许多板块,如图 5.2-4 所示。横向接缝是垂直于行车方向的接缝,有收缩缝、膨胀缝、施工缝三种。收缩缝保证板因温度和湿度的降低而收缩时沿该薄弱断面缩裂,从而避免产生不规则的裂缝。膨胀缝保证板在温度升高时能部分伸长,从而避免产生路面板在热天的热胀和折裂破坏,同时膨胀缝也能起到收缩缝的作用。混凝土路面每天完工以及因雨天或其他原因不能继续施工时,应尽量做到膨胀缝处。如不可能,也应做到收缩缝处,并做成施工缝的构造形式。

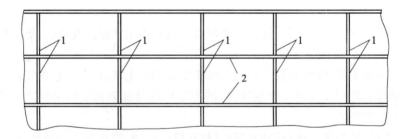

图 5.2-4 水泥混凝土板的分块与接缝
1-横缝;2-纵缝

1. 膨胀缝的构造

膨胀缝是贯通接缝,缝宽达到 20mm 左右,虽然设置传力杆,但是由于不断的伸长与收缩,再加上荷载的作用,是水泥混凝土最薄弱的环节。目前只在结构物位置设置膨胀缝,设置膨胀缝的数量与水泥混凝土路面长度没有关系。膨胀缝的构造形式如图 5.2-5 所示。

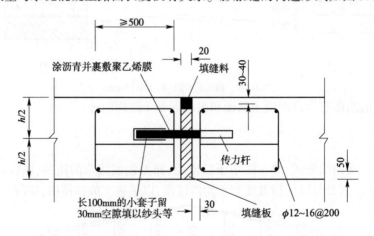

图 5.2-5 膨胀缝的构造形式(尺寸单位:mm)

2. 收缩缝的构造

收缩缝间距一般为 4～6m,同板长,根据气温状况、地质水文情况选择。如 5m×4m 的板块,按 5m 固定间距设置收缩缝。收缩缝的构造形式如图 5.2-6 所示。

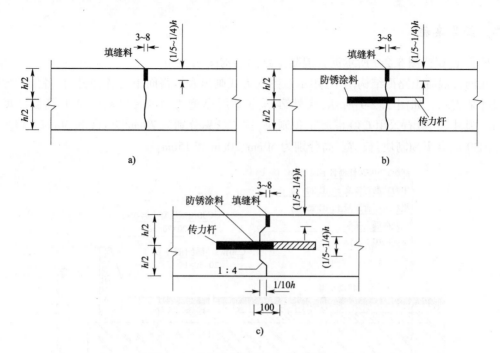

图 5.2-6 收缩缝的构造形式(尺寸单位:mm)

3. 施工缝的构造

施工缝一般尽量选择在膨胀缝、收缩缝处设置,构造与重交通的收缩缝构造[图 5.2-6b)]相似,或者选用企口缝。施工缝的构造形式如图 5.2-7 所示。

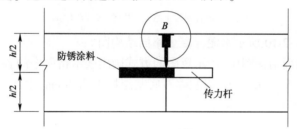

图 5.2-7 施工缝的构造

4. 纵缝的构造

纵缝是平行于行车方向的接缝,用来控制路面板因翘曲应力与荷载应力共同作用下产生不规则的纵向裂缝。

纵缝的形式是:①当道路的宽度比较大时,混凝土摊铺机仅能摊铺一个车道宽度,纵缝做成真缝形式(平头缝);②混凝土摊铺机全路幅摊铺,摊铺宽度两侧做成真缝;摊铺宽度范围内按照车道宽度设置纵缝,做成假缝或者企口缝。纵缝构造如图 5.2-8 所示。

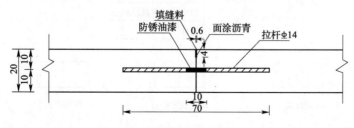

图 5.2-8 纵缝构造(尺寸单位:mm)

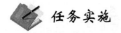**任务实施**

任务1：识读图5.2-9所示沥青混凝土路面结构图。

在沥青混凝土路面结构图中，用示意图的方式画出表示路面中的各种材料，各层的厚度用尺寸来表示。如图5.2-9所示，天然砂砾下基层厚度为30cm，二灰砂砾上基层厚度为25cm。其中，路缘石采用C30混凝土预制块，长、宽、高分别为70cm、20cm和50cm。路平石采用C30混凝土预制块，长、宽、高分别为50cm、20cm和15cm。

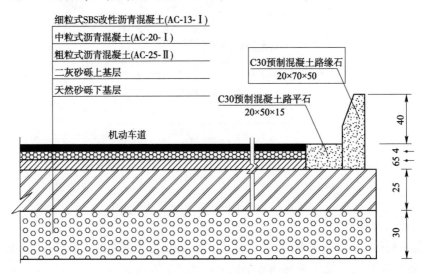

图5.2-9 沥青混凝土路面结构图（尺寸单位：cm）

任务2：识读图5.2-10所示水泥混凝土路面结构图。

在水泥混凝土路面结构图中，用示意图的方式画出表示路面中的各种材料，各层的厚度用尺寸来表示。如图5.2-10所示，级配碎石底基层厚度为30cm，水泥稳定碎石基层厚度为25cm，水泥混凝土面板厚度为25cm。

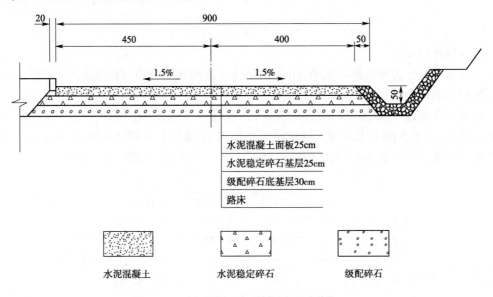

图5.2-10 水泥混凝土路面结构图（尺寸单位：cm）

任务三 排水系统工程图

学习目标

(1)知道路基排水的作用、要求及设计的一般原则。
(2)知道路基排水设施的一般构造、布置与适用范围。
(3)能够进行地面排水设计和地下排水设计。

任务描述

本任务要求学生能够了解排水的目的与要求,熟悉路基路面排水系统设计的一般原则,掌握地面排水设备、地下排水设备的种类、概念并了解其特点,掌握路面结构中水的损害并了解其含义和特点。

相关知识

道路排水系统相当复杂,是保证道路发挥其功能的必要设施。道路排水系统包括地面排水系统和地下排水系统。前者由边沟、截水沟、排水沟、跌水、急流槽等组成,后者由暗沟、渗沟和渗井组成。对于一般道路,排水系统总体规划利用路线平面图和纵断面图表示。对于高等级公路,当处于不良地质、路基病害或排水特别复杂的路段时,则需要单独绘制精确的或较大范围的带有等高线的平面图(图5.3-1)。而表达某排水设施的具体构造和技术要求时,则需通过路基排水防护设计图来实现,下面介绍几种常见的排水设施设计图。

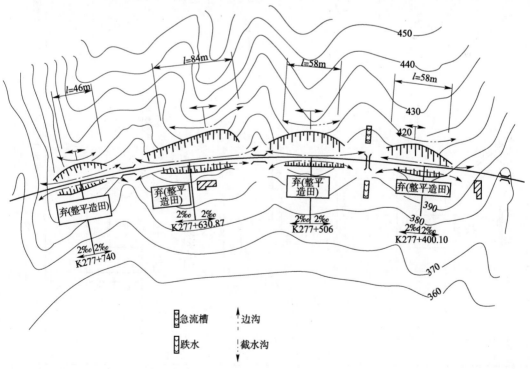

图 5.3-1 排水系统总体规划平面图

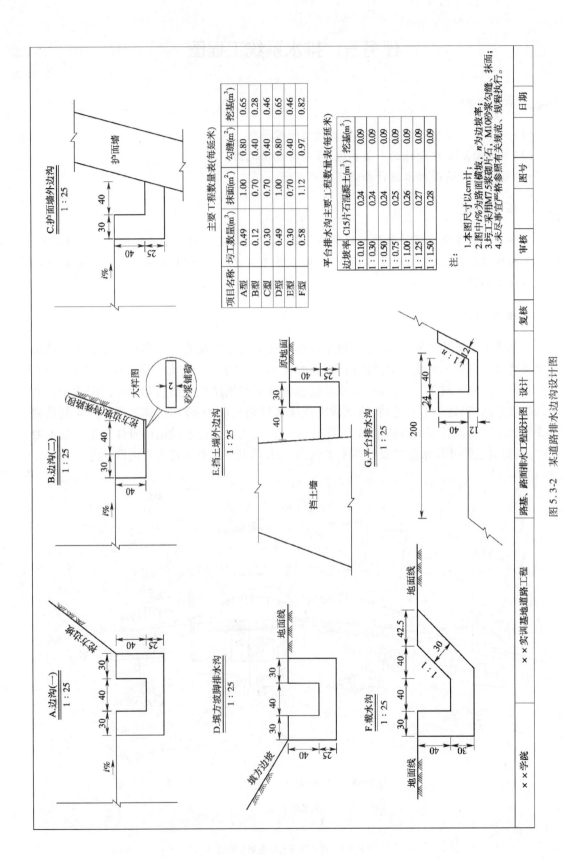

图 5.3-2 某道路排水边沟设计图

一、边沟

边沟通常设置在挖方路基边缘,作用在于汇集和排除路基范围内和流向路基的小量地面水。

图 5.3-2 是某道路边沟设计图。图中给出各种形式排水沟的截面形式、尺寸和衬砌要求。边沟设计图一般只画横断面图,图中附有工程数量表。

二、截水沟

截水沟通常设置在挖方坡顶以外,作用在于拦截山坡流向路基的水流。其形式多为梯形,如图 5.3-3、图 5.3-4 所示。截水沟横断面如图 5.3-5 所示。

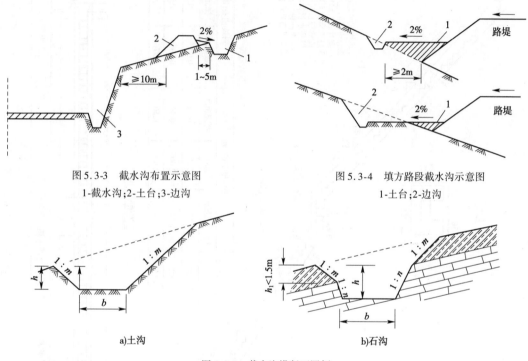

图 5.3-3 截水沟布置示意图
1-截水沟;2-土台;3-边沟

图 5.3-4 填方路段截水沟示意图
1-土台;2-边沟

a)土沟　　b)石沟

图 5.3-5 截水沟横断面图例

三、急流槽

急流槽的结构由进水口、主槽(槽身)和出水口三部分组成。图 5.3-6 是某道路急流槽设计图。由急流槽立面图、平面图、剖面图三个图样构成,表达了急流槽的结构、尺寸和各个组成部分所使用的材料。

四、盲沟

盲沟是设置在路基边沟下面的暗沟,适用于地下水丰富及泥沼软弱路段,如图 5.3-7 所示。

五、渗沟

渗沟通常由排水层、反滤层和封闭层组成,渗沟在工程中常根据地下水分布情况,设置在边沟、路肩或路基上侧山坡适当位置。

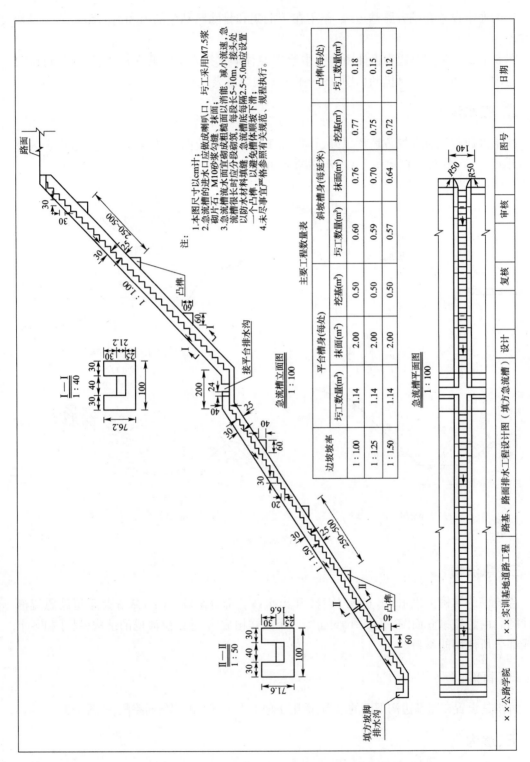

图 5.3-6 某道路急流槽设计图

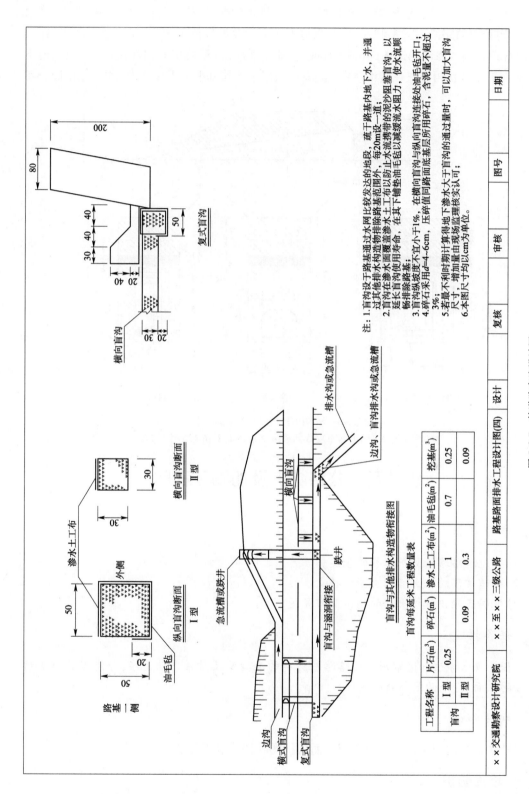

图 5.3-7 某道路盲沟设计图

渗沟按排水层的形式可分为三种：一是盲沟，是设在路基边沟下面的暗沟。二是管式渗沟，是用排水管作为排水层排泄地下水，管式渗沟排水顺畅，适用于地下水分布范围广、藏水量大、渗沟较长的路段。三是洞式渗沟，当地下水流量较大且范围较广，而当地石料丰富时，可采用石砌方洞。渗沟构造由碎（砾）石或管（洞）排水层、反滤层和封闭层组成，根据地下水位分布情况，渗沟可设置在边沟、路肩、路基中线以下或路基上侧山坡适当位置。如图5.3-8所示。

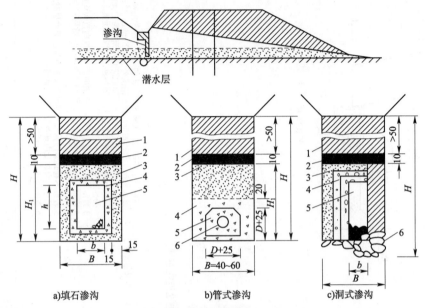

图 5.3-8　渗沟构造图(尺寸单位：cm)
1-夯实黏土；2-双层反铺草皮；3-粗砂；4-石屑；5-碎石；6-浆砌片石沟洞

任务四　公路防护及加固工程图

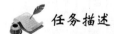 学习目标

(1)知道道路路基防护工程的分类。
(2)知道常用的挡土墙的类型及特点。
(3)能够正确识读挡土墙的构造及布置图。

任务描述

本任务要求学生知道常用的道路路基防护的类型及几种常见挡土墙，并能够正确识读挡土墙的立面图、平面图和剖面图。

相关知识

路基防护与加固工程图主要介绍坡面防护图和挡土墙工程图。

一、坡面防护

在道路工程中，为了防止路基发生变形和破坏，保证路基的强度和稳定性，常对路基边坡进行防护,几种常见的边坡防护措施有:土工网加植草护坡、拱形骨架加植草护坡、浆砌片石人字形护坡、喷射混凝土护坡,如图 5.4-1 所示。

a)土工网加植草护坡

b)拱形骨架加植草护坡

c)浆砌片石人字形护坡

d)喷射混凝土护坡

图 5.4-1 常见的边坡防护措施

二、挡土墙

1.定义

挡土墙是指为防止路基填土或山坡岩土坍塌而修筑的、抵抗土体侧压力的墙式构造物。

作用:支撑路堤或路堑边坡、隧道洞口、防止水流冲刷路基,也可以用来处理路基边坡滑坡崩塌等路基病害。

2.分类

(1)按设置位置分类有:路堤墙、路堑墙、路肩墙、山坡墙。

①路堑墙:支撑开挖后不能自行稳定的边坡,减少挖方、降低挖方边坡的高度,如图 5.4-2 所示。

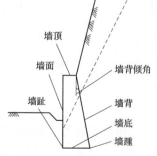

图 5.4-2 路堑墙

②路堤墙:设置在高填方路堤或陡坡路堤的下方,可以防止边坡坍塌与路堤滑动、收缩坡脚,减少填方、减少拆迁与占地,如图5.4-3所示。

③路肩墙:防止边坡坍塌与路堤滑动、收缩坡脚,减少填方、减少拆迁与占地,针对沿河路堤,可以防冲刷,减少对河床的压缩,如图5.4-4所示。

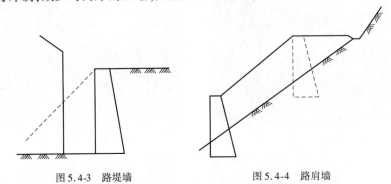

图5.4-3　路堤墙　　　　　　图5.4-4　路肩墙

④山坡墙:设置在路堑边坡上部,用于支撑山坡上可能坍滑的覆盖层或破碎岩层,有时兼有拦石的作用。应考虑设在基础可靠处,墙的高度应保证设墙后墙顶以上边坡稳定,如图5.4-5所示。

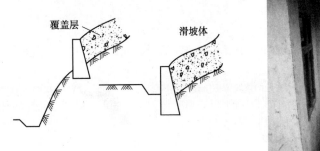

图5.4-5　山坡墙

(2)按结构形式分类有:重力式、悬臂式、扶壁式、锚杆式、锚定板式挡土墙等。

①重力式挡土墙:靠墙身自重支撑墙后土体的侧向压力。适用于地基良好,盛产石料的地区。形式简单,施工方便,适应性强。但自重较大,对地基的承载力要求较高,如图5.4-6所示。

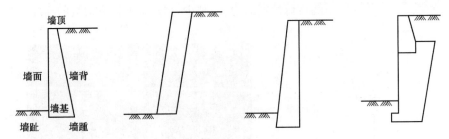

图5.4-6　重力式挡土墙

②加筋土挡土墙:由填土、拉筋、面板组成。面板使填土和拉筋成为一体,拉筋与填土间的摩擦力使土体稳定。适用于石料缺乏的地区,多用来支挡土质边坡,不宜用于受水流冲刷地段,如图5.4-7所示。

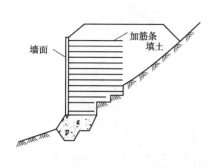 

图 5.4-7 加筋土挡土墙

③锚杆式挡土墙:由预制钢筋混凝土立柱、挡土板、水平或倾斜的钢锚杆组成。适用于墙高较大,缺乏石料或挖基困难,具有锚固条件的路堑挡墙。应具有钻机、压浆泵等设备,如图 5.4-8 所示。

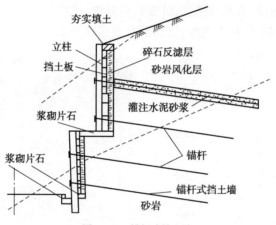

图 5.4-8 锚杆式挡土墙

④锚定板式挡土墙:由钢筋混凝土墙面、钢拉杆、锚定板、墙后填土组成,如图 5.4-9 所示。

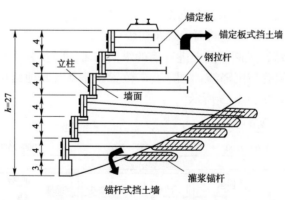

图 5.4-9 锚定板式挡土墙(尺寸单位:m)

⑤悬臂式挡土墙:由立壁、墙趾板、墙踵板组成。宜用于石料缺乏、地基承载力较低的填方地段;墙高不宜大于 7m。墙高时立壁下部的弯矩较大。悬臂式挡土墙如图 5.4-10 所示。

⑥扶壁式挡土墙:当悬臂式挡土墙的立壁较高时,沿墙长方向每隔一定距离加一道扶壁,把墙面板和墙踵板连接起来,以减小立壁下部的弯矩。扶壁式挡土墙宜在石料缺乏、地基承载力较低的地段使用,墙高不宜大于 10m,如图 5.4-11 所示。

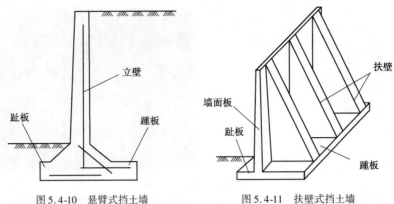

图 5.4-10　悬臂式挡土墙　　图 5.4-11　扶壁式挡土墙

3. 挡土墙的构造

挡土墙的构造包括墙身和基础两部分,如图 5.4-12 所示。

墙身包括:墙面、墙背、排水设施、沉降缝式伸缩缝、护栏。

基础可采用:天然基础、扩大基础、钢筋混凝土基础等。

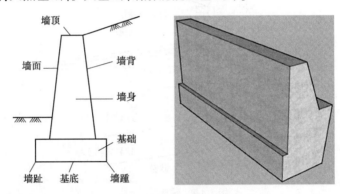

图 5.4-12　挡土墙构造

4. 挡土墙布置图

(1)横向布置:主要是在路基横断面图上进行挡土墙位置的选定,确定出是路堑墙、路肩墙、路堤墙或浸水挡土墙,并确定断面形式及初步尺寸。

(2)纵向布置:在墙趾纵断面图上进行墙的纵向布置,布置后绘成挡土墙正面图。确定内容包括:分段,设伸缩缝与沉降缝;考虑始、末位置在路基及其他结构处的衔接;基础的纵向布置;泄水孔布置,如图 5.4-13 所示。

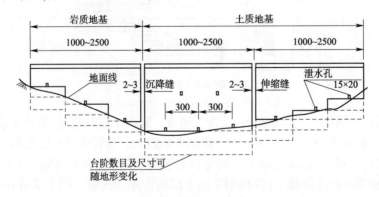

图 5.4-13　挡土墙纵断面图(尺寸单位:mm)

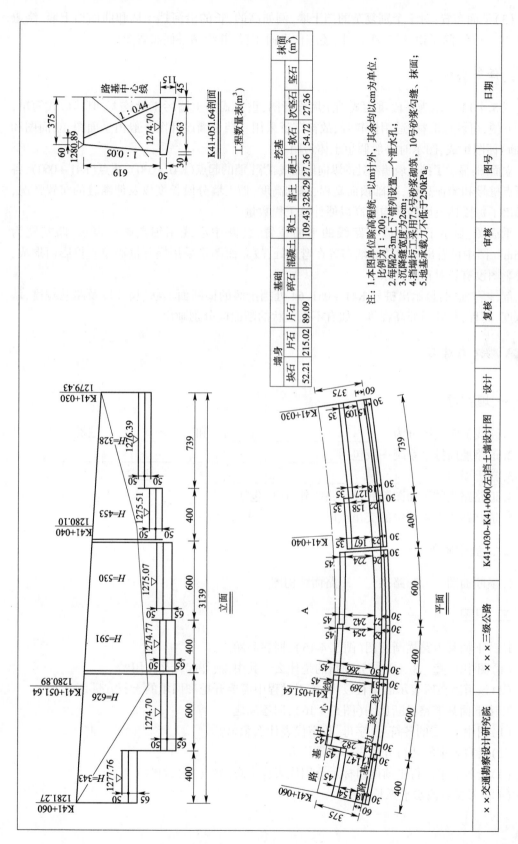

图 5.4-14 重力式挡土墙设计图

(3)平面布置:对于个别复杂的挡土墙,例如高的、长的沿河挡土墙和曲面挡土墙,绕避建筑物挡土墙,除了横、纵向布置外,还应作平面布置,并绘制平面布置图。

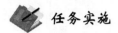

图 5.4-14 所示为一段重力式挡土墙设计图,重力式挡土墙圬工量较大,但其形式简单,施工方便,可就地取材,适用性较强,故被广泛采用。挡土墙设计图一般由平面图、立面图和剖(断)面图组成,图示时一般假想土体透明。

立面图:显示了挡土墙墙趾处的纵向地面线,挡土墙的起点(K41+030)、止点(K41+060)、各特征点桩号和墙顶高程,基础顶面高程,基础高度,挡土墙分段长度以及伸缩缝的布置情况,还标出了每段挡土墙的平均墙高以便计算工程数量。

平面图:显示了挡土墙与路线的平面位置,公路中心线用细点画线表示,路基宽为3.75 m。图中可看出本段挡土墙布置在弯道处,故立面图是采用展开剖面拉直投影而形成,两投影图没有长对正的关系。

剖(断)面图:显示出桩号 K41+051.64 处挡土墙的横断面形状、尺寸以及路基宽度,墙顶宽度、高程,基础顶面高程等。如有不同形状的断面应分别画出。

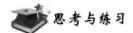

一、填空题

1. 路线横断面图分为_____、_____和_____三类。
2. 道路地面排水系统一般包括_____、_____、_____、_____。
3. 挡土墙由_____、_____、_____、_____组成。
4. 道路路线的平面图除有设计路线外,还应包括_____。
5. 道路路线工程图中的交角点以_____来表示。

二、名词解释

1. 横断面图   2. 路拱   3. 路面结构图

三、识图

1. 读下面某道路横断面图(图 5.4-15),回答问题。
(1)图中①、②、③、④、⑤分别指的是什么?其中①、②起什么作用?
(2)该道路在所表示的里程段内,施工过程中需要开挖和回填的土石方量是多少?
2. 读下面某道路纵断面图(图 5.4-16),回答问题。
(1)图中①、②的各符号、字母、数字代表什么意思?
(2)资料表中的两行分别表示的是什么?
(3)资料表第二行中前两组标示分别代表什么意思?(包括符号)
(4)7 号交点段水平弧长多少?

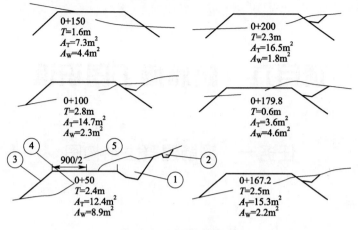

图 5.4-15　某道路横断面图

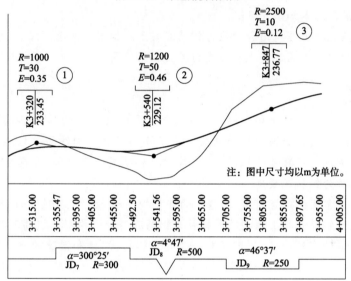

图 5.4-16　某道路纵断面图

项目六　桥涵施工图识读

任务一　钢筋混凝土结构图

学习目标

(1)学会钢筋混凝土、钢筋混凝土结构图的概念。
(2)学会钢筋的基本知识。
(3)知道钢筋混凝土结构图和预应力钢筋混凝土结构图的图示内容。
(4)能够正确识读钢筋混凝土和预应力混凝土结构图。

任务描述

混凝土是将水泥、砂、石子和水按一定的比例拌和硬化而成的"人造石料",其抗压能力较强,而抗拉强度较低,容易因手拉而断裂。为了提高混凝土构件的抗拉能力,常在混凝土构件的受拉区内加入一定数量的钢筋,使两种材料黏结成一个整体,共同承受外力,这种配有钢筋的混凝土称为钢筋混凝土。

钢筋混凝土是常用的建筑材料,工程中的许多构件都是用它来制作的,如梁、板、柱、桩、拱圈、框架等,表达钢筋混凝土结构的图样称为钢筋混凝土结构图。钢筋混凝土结构图能详细表示构件中钢筋的布置情况,是钢筋断料、加工、绑扎、焊接和检验的重要依据,它包括钢筋布置图、钢筋编号、尺寸、规格、根数、钢筋成型图和钢筋数量表及技术说明。钢筋混凝土箱形梁立体图如图 6.1-1 所示。

本任务要求学生在掌握钢筋基本知识的前提下能正确识读钢筋混凝土结构图。

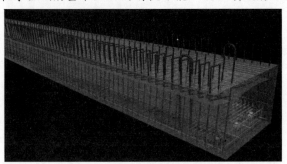

图 6.1-1　钢筋混凝土箱形梁立体图

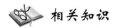相关知识

一、钢筋的基本知识

钢筋混凝土结构是指用配有钢筋增强的混凝土制成的结构物。包括薄壳结构、大模板

现浇结构及使用滑模、升板等建造的钢筋混凝土结构的建筑物。承重的主要构件是用钢筋混凝土建造的。钢筋承受拉力,混凝土承受压力。具有坚固、耐久、防火性能好、比钢结构节省钢材和成本低等优点。

钢筋混凝土结构图是为了把钢筋混凝土结构表达清楚,需要画出钢筋结构的图样,又称钢筋布置图或结构图。

钢筋混凝土结构图表示钢筋的布置情况,是钢筋断料加工、绑扎或焊接和检验的重要依据,它应包括钢筋布置图中钢筋编号、尺寸、规格、根数、钢筋成型图和钢筋数量表及技术说明。

素混凝土梁和钢筋混凝土梁的比较如图 6.1-2 所示。

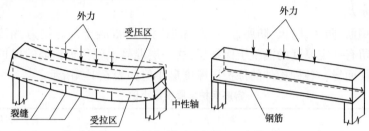

图 6.1-2　素混凝土梁和钢筋混凝土梁的比较

1. 钢筋的种类与符号

应用于钢筋混凝土结构(包括预应力混凝土结构)上的钢筋,按其机械性能、加工条件与生产工艺的不同,一般可分为热轧钢筋、冷拉钢筋、热处理钢筋、冷拔钢丝四大类型,其种类、符号、直径及外观形状见表 6.1-1。

钢筋种类、符号、直径及外观形状表　　　表 6.1-1

钢筋种类	符号	直径(mm)	外观形状	钢筋种类	符号	直径(mm)	外观形状
Ⅰ级钢筋	A	6～20	光圆	冷拉Ⅱ级钢筋	A′	8～25 28～40	人字纹
Ⅱ级钢筋	B	8～25 28～40	人字纹	冷拉Ⅲ级钢筋	C′	8～40	人字纹
Ⅲ级钢筋	C	8～40	人字纹	冷拉Ⅳ级钢筋	D′	10～28	光圆或螺纹
Ⅳ级钢筋	D	10～28	螺旋纹	冷拉 5 号钢筋	E′	10～40	螺纹
Ⅴ级钢筋	D	6、8、12	螺纹	高强钢丝(冷拔、碳素、刻痕)	A^b	2.5～5	光圆
5 号钢钢筋	E	10～40	人字纹	钢纹线	A^j	7.5～15	钢丝纹捻

2. 钢筋的种类

按钢筋在构件中所起的作用,可分为以下几种(图 6.1-3)。

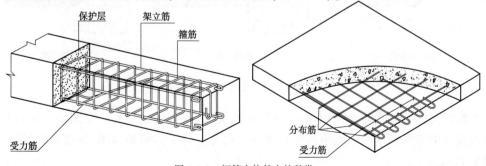

图 6.1-3　钢筋在构件中的种类

(1)受力主筋:承受构件内拉应力、压应力的钢筋。用于梁、柱、板等各种钢筋混凝土构件中。

(2)箍筋:承受剪力或扭力的钢筋,并同时用来固定受力主筋的位置,构成钢筋骨架。一般多用于梁、柱内。

(3)架立钢筋:用于固定梁内箍筋位置,与受力主筋、箍筋一起构成梁内的钢筋骨架。

(4)分布钢筋:多用于板式结构,与板中的受力主筋垂直布置,将承受的荷载均匀地传给受力筋,并固定受力主筋的位置,以及抵抗热胀冷缩引起的温度变形。

(5)构造钢筋:因构件的构造要求或施工安装需要而配置的钢筋。如吊环、预埋锚固筋等。

3. 钢筋保护层

为了保护钢筋,防锈、防火、防腐蚀,以及加强钢筋与混凝土的黏结力,钢筋的外缘到构件表面之间应留有一定厚度的混凝土保护层,这一层混凝土就称为钢筋的保护层,保护层厚度视不同的构件而异。各种构件的保护层厚度最小值如表6.1-2所示。

钢筋保护层厚度最小值　　　　表6.1-2

钢筋名称	构件名称		保护层厚度(mm)
受力筋	墙、板和环形构件		15
	梁和柱		25
	基础	有垫层	35
		无垫层	70
箍筋	梁、柱		15
分布筋	墙、板		10

4. 钢筋的弯钩

为了提高钢筋与混凝土的黏结力,避免钢筋在受拉时滑动,钢筋的两端需做成弯钩。钢筋弯钩主要有半圆弯钩(180°)、直角弯钩(90°)和斜弯钩(135°)三种,带弯钩的钢筋断料长度应为设计长度加上其相应弯钩的增长数值,一般用双点画线表示出弯钩弯曲前下料长度(图6.1-4),它是计算钢材用量的依据。其中半圆弯钩和直角弯钩用于受力筋,斜弯钩用于箍筋。其形状和尺寸如图6.1-4所示。

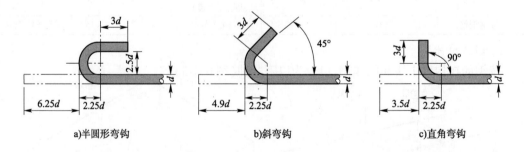

a)半圆形弯钩　　b)斜弯钩　　c)直角弯钩

图6.1-4　钢筋标准弯钩示意图

当弯钩为标准形式时,图中不必标注其详细尺寸;若弯钩或钢筋的弯曲是特殊设计的,则必须在图中的另画详图中表明其形式和详细尺寸。为了方便地画图,标准弯钩的增长值见表6.1-3。

钢筋弯钩的增长修正值表　　　　　　　　表 6.1-3

序 号	钢筋直径 d (mm)	弯钩增长值(mm)				理论重量 (kg/m)	螺纹钢筋外径 (mm)
		光圆钢筋			螺纹钢筋		
		90°	135°	180°	90°		
1	10	3.5	4.9	6.3	4.2	0.617	11.3
2	12	4.2	5.8	7.5	5.1	0.888	13.0
3	14	4.9	6.8	8.8	5.9	1.210	15.5
4	16	5.6	7.8	10.0	6.7	1.580	17.5
5	18	6.3	8.8	11.3	7.6	2.000	20.0
6	20	7.0	9.7	12.5	8.4	2.470	22.0
7	22	7.7	10.7	13.8	9.3	2.980	24.0
8	25	8.8	12.2	15.6	10.5	3.850	27.0
9	28	9.8	13.6	17.5	11.8	4.830	30.0
10	32	11.2	15.6	20.0	13.5	6.310	34.5
11	36	12.6	17.5	22.5	15.2	7.990	39.5
12	40	14.0	19.5	25.0	16.8	9.870	43.5

5. 钢筋的弯折

根据结构受力要求,有时需要将部分受力钢筋进行弯折,这时弧长比两切线之和短些,其标准弯折图如图 6.1-5 所示,其计算长度应减去折减数值(钢筋直径小于 10mm 时可忽略不计)。45°、90°为标准弯折(修正值见表 6.1-4),除标准弯折外,其他角度的弯折应在图中画出大样图,并标注出其切线与圆弧的差值。

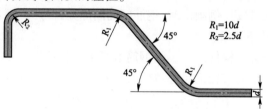

图 6.1-5　钢筋的标准弯折示意图

钢筋的标准弯折修正值(单位:cm)　　　　　　　表 6.1-4

类别		钢筋直径(mm)										
		10	12	14	16	18	20	22	25	28	32	36	40
弯折修正值	光圆钢筋 45°		-0.5	-0.6	-0.7	-0.8	-0.9	-0.9	-1.1	-1.2	-1.4	-1.5	-1.7
	光圆钢筋 90°	-0.8	-0.9	-1.1	-1.2	-1.4	-1.5	-1.7	-1.9	-2.1	-2.4	-2.7	-3.0
	螺纹钢筋 45°		-0.5	-0.6	-0.7	-0.8	-0.9	-0.9	-1.1	-1.2	-1.4	-1.5	-1.7
	螺纹钢筋 90°	-1.3	-1.5	-1.8	-2.1	-2.3	-2.6	-2.8	-3.2	-3.6	-4.1	-4.6	-5.2

6. 钢筋骨架

为制造钢筋混凝土构件,先将不同直径的钢筋,按照需要的长度截断,根据设计要求进行弯曲(钢筋成型或钢筋大样),再将弯曲后的成型钢筋组装。

钢筋组装成型,一般有两种方式,一种是用细钢丝绑扎钢筋骨架,另一种是焊接钢筋骨架(图 6.1-6),先将钢筋焊接成平面骨架,然后用箍筋连接(焊或绑)成立体骨架形式。焊接钢筋骨架的标注示意图如图 6.1-7 所示。

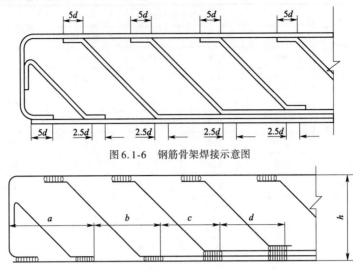

图 6.1-6　钢筋骨架焊接示意图

图 6.1-7　焊接钢筋骨架的标注示意图

二、钢筋混凝土结构图图示内容

1. 概述

画配筋图时,假设构件是透明的,内部钢筋被当成是可见的,所以在画配筋图时:

(1)构件轮廓线用细实线绘制,钢筋用粗实线绘制。

(2)钢筋断面用涂黑的圆点表示,在钢筋结构图中,对指向读图者弯折的钢筋采用黑圆点表示,对背向读图者弯折的钢筋采用"×"表示。

(3)当钢筋密集,难以按比例画出时,钢筋间的间隙允许夸大绘制。当钢筋并在一起时,画图应留有空隙,以免线条重叠。

(4)为了突出钢筋配置,构件内部不画钢筋混凝土材料符号。

(5)在道路工程中,钢筋直径的尺寸单位采用 mm,其余尺寸单位均采用 cm,图中无须注出单位。

钢筋混凝土结构施工图的一般规定如表 6.1-5、表 6.1-6 所示。

钢筋混凝土结构施工图的一般规定(一)　　　表 6.1-5

序号	名　称	图　例	说　明
1	钢筋横断面	●	
2	无弯钩的钢筋端部	╱	其中下图表示长短钢筋投影重叠时可在短钢筋的端部用 45° 短划线表示
3	带半圆形弯钩的钢筋端部	⌐	
4	带直钩的钢筋端部	∟	
5	带丝扣的钢筋端部	∦	
6	无弯钩的钢筋搭接	╱　╲	
7	带半圆弯钩的钢筋搭接	⌐　⌐	
8	带直钩的钢筋搭接	∟　∟	
9	套管接头(花篮螺纹)		

钢筋混凝土结构施工图的一般规定(二)　　表 6.1-6

序号	说 明	图 例
1	在平面图中配置双层钢筋时,底层钢筋弯钩应向上或向左,顶层钢筋则向下或向右	底层　　顶层
2	配双层钢筋的墙体,在配筋立面图中,远面钢筋的弯钩应向上或向左,而近面钢筋则向下或向右(GM:近面;YM:远面)	GM　YM　GM　YM
3	如在断面图中不能清楚表示钢筋布置,应在断面图外面增加钢筋大样图	
4	图中所表示的箍筋、环筋,如布置复杂,应加画钢筋大样及说明	或
5	每组相同的钢筋、箍筋或环筋,可以用粗实线画出其中一根来表示,同时用一横穿的细线表示其余的钢筋、箍筋或环筋,横线的两端带斜短划线表示该号钢筋的起止范围	

2. 钢筋的编号及尺寸标注

在钢筋结构图中,各种钢筋应标注数量、直径、长度、间距、编号,编号应采用阿拉伯数字表示。宜先编主次部位的主筋,后编主次部位的构造筋。钢筋编号的标注如下。

(1)编号标注在引出线右侧的细实线圆圈内,圆圈直径 4~8mm,如图 6.1-8a)所示,一般采用下列格式进行标注:

$$\frac{n\phi d}{l@s}⑩$$

其中,m 代表钢筋编号;ϕ 是钢筋直径符号,也表示钢筋的等级;n 代表钢筋根数;d 代表钢筋直径的数值(mm);l 代表钢筋总长度的数值(cm);@ 是钢筋中心间距符号;s 为钢筋中心间距(cm)。

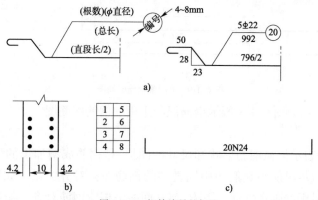

图 6.1-8　钢筋编号的标注

如 $\frac{11\phi6}{64@12}$② 表示编号为 2 号的钢筋,直径为 6mm,钢筋为Ⅰ级钢筋,共 11 根,每根钢筋的断料长度为64cm,钢筋轴线之间的距离为12cm。

（2）在横断面图中,可将编号标注在与钢筋断面对应的细实线方格内,如图6.1-8b)所示。

（3）在立面图、平面图中,可将冠以"N"字的编号注写在钢筋的侧面,根数标注在"N"字之前,如图6.1-8c)中的"20N24"表示编号24的钢筋有20根。

3.钢筋混凝土结构图的图示内容

钢筋混凝土结构图包括两类图样,一类是一般构造图(又叫模板图),即表示构件的形状和大小,但不涉及内部钢筋的布置情况;另一类是钢筋结构图,主要表示构件内部钢筋的配置情况。

（1）配筋图

主要表明各钢筋的位置,它是绑扎或焊接钢筋骨架的依据。为此,应根据结构图的特点选用基本投影。如对于梁、柱等长条结构,常选用一个立面图和几个断面图;对于钢筋混凝土板,则采用一个平面图或一个平面图和一个立面图。

如图6.1-9所示为图6.1-3所示钢筋混凝土梁的钢筋配筋图。

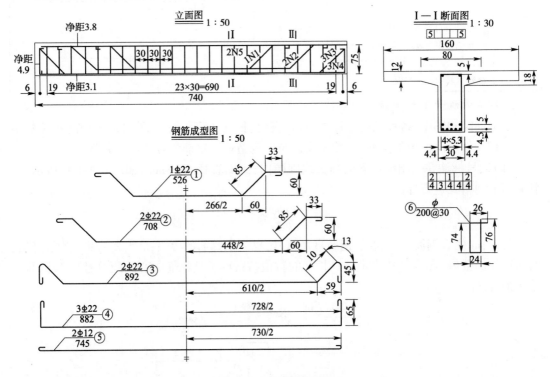

图6.1-9 T形梁钢筋配筋图

如图6.1-10所示为图6.1-3所示钢筋混凝土板的钢筋配筋图。

（2）成型图

钢筋成型图是表示每根钢筋形状和尺寸的图样,是钢筋成型加工的依据。在画钢筋成型图时,主要钢筋应尽可能与配筋图中同类型的钢筋保持对齐关系。如图6.1-9中所示钢筋成型图,①~⑤号钢筋画在立面图下方,与立面图中相应钢筋对齐。箍筋大样可不绘出弯钩(如图6.1-9中的⑥号箍筋),当为扭转或抗震箍筋时,应在大样图的右上角,增绘两条45°的斜短线。当钢筋加工形状简单时,也可将钢筋大样绘制在钢筋明细表内。

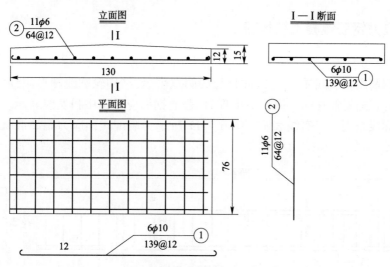

图 6.1-10 钢筋混凝土板的配筋图

(3) 尺寸标注

在配筋图中,一般标注构件的外形尺寸和定位尺寸及钢筋编号,在断面图中除标注构件的断面形状尺寸外,还应注明钢筋定位尺寸,尺寸界限通过钢筋断面中心,如图 6.1-9 中 Ⅰ-Ⅰ 断面。对按照一定规律排列的钢筋,定位尺寸一般只画出两三个,也可用间距符号"@"表示。图 6.1-10 中①号钢筋 6ϕ10@12,表示直径 10mm 的 Ⅰ 级钢筋有 6 根,其中心间距 12cm。

在钢筋成型图上,应逐段标出长度,对于直线段,尺寸数字直接注写在各段钢筋的侧面。弯起钢筋的斜度利用直角三角形标出,也可按图 6.1-9 所示方法标注。如图 6.1-9 中③号钢筋,$L = 892 = 610 + 2 \times (70 + 13 + 45) + $ 增减修正值(cm)。

在成型图编号的引出线上还应标注钢筋直径、根数和下料长度。

(4) 尺寸单位

建筑制图中,钢筋图中所有尺寸单位为 mm,路桥工程中钢筋直径为 mm,长度为 cm,图中不必另外注明。

(5) 钢筋数量表

在钢筋结构图中,一般还附有钢筋数量表,内容包括钢筋的编号、直径、每根长度、根数、总长及质量等,必要时可加画钢筋略图。表 6.1-7 是图 6.1-9 中 T 形梁钢筋配筋图中的钢筋数量表。

钢筋结构图中的钢筋数量表　　　　表 6.1-7

编 号	钢筋和直径 (mm)	长度 (cm)	根数	总长 (m)	每米质量 (kg/m)	总质量 (kg)
1	ϕ22	526	1	5.26	2.984	15.70
2	ϕ22	708	2	14.16	2.984	42.25
3	ϕ22	892	2	17.84	2.984	53.23
4	ϕ22	882	3	26.46	2.984	78.96
5	ϕ12	745	2	14.90	0.888	13.23
6	ϕ6	200	24	48.00	0.222	10.66
合计						214.03

三、预应力钢筋混凝土结构图

1. 图示特点

预应力钢筋用粗实线或大于2mm直径的圆点表示,结构轮廓线图形用细实线表示;当预应力钢筋与普通钢筋在同一视图中出现时,普通钢筋应采用中粗实线表示。一般构造图中的图形轮廓线采用中粗实线表示。图6.1-11所示为装配式预应力钢筋混凝土空心板桥的构造示意图。

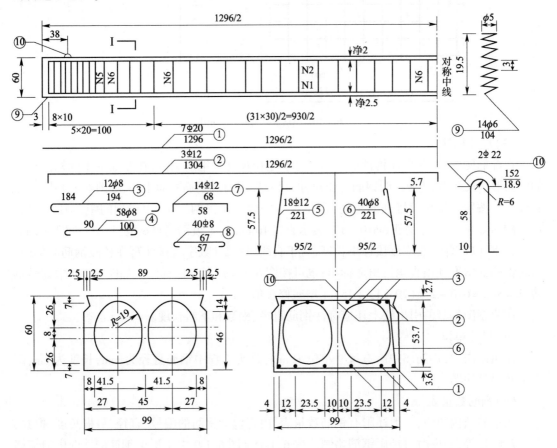

图6.1-11 装配式预应力钢筋混凝土空心板桥的构造示意图

2. 预应力钢筋编号与标注

在预应力钢筋布置图中,应标注预应力钢筋的数量、型号、长度、间距、编号。在横断面图中,编号标注在与预应力钢筋断面对应的方格内,当标注位置足够时,也可标注在直径为4~8mm的圆圈内,如图6.1-12所示。

在纵断面图中,与普通钢筋的标注类似,结构简单时,冠以"N"字标注在预应力钢筋的上方。当预应力钢筋的根数多于1时,可将数量标注在"N"字之前。当结构复杂时,可自拟代号,但应在图中说明。

在预应力钢筋的纵断面图中,采用表格的形式以每隔0.5~1m间距标出纵、横、竖三维坐标值。对弯起的预应力钢筋采用列表或直接在预应力钢筋大样图中,标出弯起角度、弯曲半径、切点的坐标(包括纵弯或既纵弯又平弯的钢筋)及预留的张拉长度,如图6.1-13所示。

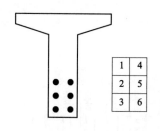 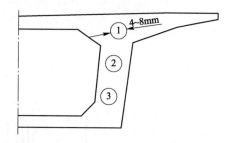

图 6.1-12　预应力钢筋在横断面图中的标注

3. 预应力钢筋的其他表示方法与符号(表 6.1-8)

预应力钢筋的其他表示方法与符号　　　　表 6.1-8

序号	名　称	符　号	序号	名　称	符　号
1	管道断面	○	4	锚固侧面	├──
2	锚固断面	⊕	5	连接器侧面	═══
3	预应力筋断面	┼	6	连接器断面	◉

任务实施

任务 1：图 6.1-9 所示为某 T 梁钢筋混凝土结构图,识读该图。

从Ⅰ-Ⅰ断面图可以看出梁的断面为 T 形,即 T 形梁。T 形梁上侧伸出的部分为翼板,下侧较薄部分为腹板或肋板。该 T 形断面翼板宽 160cm,高度 75cm,腹板厚度 30cm,梁长 740cm,该梁上、下侧面的保护层厚度(净距)为 3.8cm 和 3.1cm,左右两侧的保护层厚度为 4.9cm。

梁的钢筋布置情况是用立面图和断面图来表示的。立面图中各钢筋的编号和数量可用引出线的方式标注,也可用简略形式标注,如"1N3"表示 1 根 3 号钢筋;在断面图中钢筋的标号就标注在对应的小方格内,这样就清楚地表示出钢筋在梁截面中的位置;每种钢筋的形状与详细尺寸是用钢筋详图来表示的,钢筋详图上用引出线的方式标注编号、数量和下料长度等。

从立面图及Ⅰ-Ⅰ断面图中可看出钢筋排列的位置及数量。如立面图中的"2N5"表示有 2 根 5 号钢筋,安置在梁内的上部,对应在Ⅰ-Ⅰ断面图中则可以看出 2 根 5 号钢筋在梁内的上部对称排列。

梁内共有 6 种钢筋,它的形状和尺寸在钢筋成型图上有清楚表达。受力主筋通常布置在梁的下侧腹板内。其中 1、2、3、4 号是受力主筋,直径 22mm;5 号钢筋是架立钢筋,直径 12mm,有 2 根,布置在梁的上侧;6 号钢筋是箍筋,直径 6mm,有 24 根;4 号主筋有 3 根,布置在梁的底部两侧和中间,3 根都直接通过支座向上弯曲与 5 号架立筋连接;2 号、3 号主筋各有 2 根,在梁内不同位置弯起形成弯起钢筋;1 号主筋只有 1 根,其弯起最晚,弯起离支座最远(即最靠近跨中),对于梁中心轴线对称;6 号箍筋沿梁的长度每隔 30cm 布置 1 根。有时,在立面图中箍筋可不全画出,只示意性画出 4～5 根即可。

任务 2：图 6.1-13 所示为预应力钢筋大样图,识读该图。

从Ⅰ-Ⅰ断面图可以看出 T 形梁共有 7 种预应力钢筋,每种钢筋都是 1 根,在跨中的布置情况为:共计 3 层,第一、二层为每层 3 根预应力钢筋,第一层是 1、5、2 号预应力钢筋,第二层是 3、6、4 号预应力钢筋,第三层为 1 根 7 号预应力钢筋,7 种钢筋都是 24φ5 钢筋。

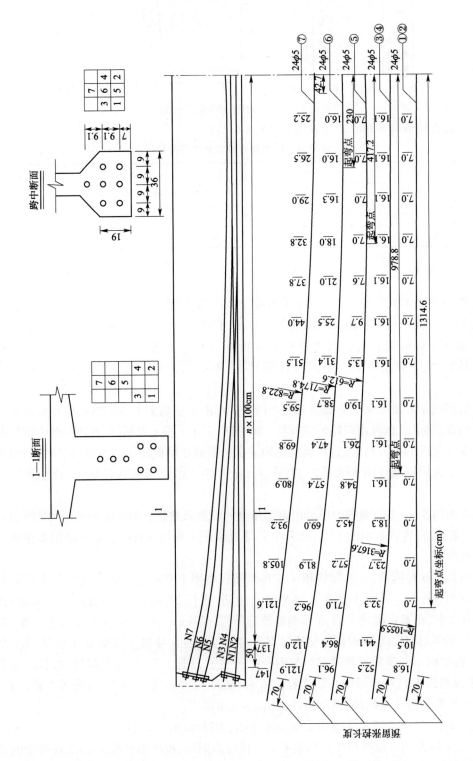

图 6.1-13 预应力钢筋大样与尺寸标注示意图

从纵断面图中可以看出,每隔1m标注钢筋的纵向、横向、竖向三维坐标值,1、2号钢筋的起弯点纵坐标为1314.6,曲线半径 $R=055.9$m,3、4号钢筋的起弯点纵坐标为978.8,曲线半径 $R=3167.6$m,5号钢筋的起弯点纵坐标为417.2,曲线半径为 $R=6121.6$m,6号钢筋的起弯点纵坐标为230,曲线半径为7174.8m,7号钢筋起弯点纵坐标为42.7,曲线半径为8228m,7种预应力钢筋的预留张拉长度都是70cm。

任务二　桥梁工程图

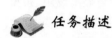

学习目标

(1)认知桥梁的基本组成并能指认桥梁结构组成部分的位置。
(2)认知桥梁的分类并能正确说出桥梁的类型。
(3)能正确识读桥位平面和桥位地质断面图。
(4)能正确识读桥梁总体布置图、桥梁构件结构图。

任务描述

大力发展交通运输事业,建立四通八达的现代交通网络,对于发展国民经济,促进文化交流,消灭城乡差别和巩固国防等方面,都具有非常重要的作用。特别是我国实行改革开放政策以来,路桥建设突飞猛进的发展,对创造良好的投资环境,促进地域性的经济腾飞,起到了关键作用。桥梁的施工是从桥梁工程设计图的识读开始的。

本任务要求学生在掌握桥梁基本组成、桥梁分类的基础上,能够读懂桥梁的总体布置图、平面图、桥位地质断面图、结构图等,指导桥梁的施工。

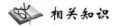

相关知识

一、桥梁的组成

桥梁是供铁路、道路、渠道、管线、车辆、行人等跨越河流、山谷、湖泊、低地或其他交通线路等障碍时使用的建筑结构。在桥梁工程中,较常采用的是梁桥和拱桥。除此之外,钢索、悬索桥和斜拉桥的应用也日益广泛,成为桥梁工程不可缺少的组成部分。

图6.2-1所示为梁式桥梁的基本组成部分,一座完整的桥梁都是由上部结构、下部结构与附属结构三大部分组成。

(1)桥梁的上部结构:桥梁的上部结构又称桥跨结构,包括桥面系和跨越结构,是在道路的线路前进方向遇到障碍而中断时,跨越障碍的主要承载结构。它所起的作用是承受车辆等荷载,并通过支座传递给墩台。它主要包括:桥面铺装、防水和排水构造、伸缩缝、人行道(或安全带)、侧石、栏杆及灯具等构筑物。

(2)桥梁的下部结构:桥梁的下部结构主要是桥墩、桥台和基础。它的作用是支承桥跨结构并将恒载和活载传递到地基。桥墩一般设置在两桥台的中间位置,其主要作用支承桥跨结构。桥台设置在桥梁的两端,除了有支承桥跨结构的作用外,同时还与路堤衔接并抵御路堤土的压力,防止路堤的滑塌等。

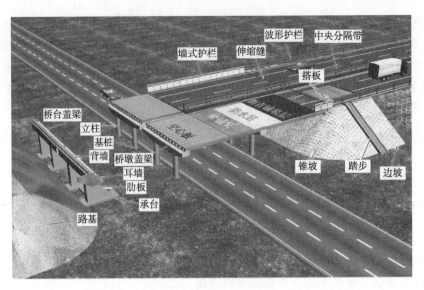

图 6.2-1　梁桥的基本组成

（3）桥梁的附属结构：包括桥面的排水设施、支座、桥面伸缩装置、护栏与隔离设施、桥梁照明、桥头锥形护坡、护岸以及导游结构物等。附属结构的作用是装饰、保护整座桥梁。

二、桥梁的分类

1. 桥梁的基本体系

按结构体系划分有梁式桥、拱桥、刚架桥、悬索桥 4 种基本体系。还有其他几种由基本体系组合而成的组合体系。

（1）梁式体系

梁式体系是古老的结构体系。梁作为承重结构是以它的抗弯能力来承受荷载的。梁分简支梁、悬臂梁、固端梁和连续梁等。悬臂梁、固端梁和连续梁都是利用支座上的卸载弯矩来减小跨中弯矩，使梁跨内的内力分配更合理，以同等抗弯能力的构件断面就可建成更大跨径的桥梁。如图 6.2-2 所示。

a)简支梁桥　　　　　　　　　　b)连续梁桥

图 6.2-2　梁桥

（2）拱式体系

拱式体系的主要承重结构是拱肋（或拱箱），以承压为主，可采用抗压能力强的圬工材料（石、混凝土与钢筋混凝土）来修建。如图 6.2-3 所示。

a)实腹式拱桥

b)空腹式拱桥

图6.2-3 拱桥

(3)刚架桥

刚架桥是介于梁与拱之间的一种结构体系,它是由受弯的上部梁(或板)结构与承压的下部柱(或墩)整体结合在一起的结构。由于梁与柱的刚性连接,梁因柱的抗弯刚度而得到卸载作用,整个体系是压弯结构,也有推力的结构,如图6.2-4所示。

(4)悬索桥

悬索桥是指以悬索为主要承重结构的桥。其主要构造是缆、塔、锚、吊索及桥面,一般还有加劲梁。其受力特征是:荷载由吊索传至缆,再传至锚墩,传力途径简捷、明确。构造简单,受力明确,跨径愈大,材料耗费愈少、桥的造价愈低,如图6.2-5所示。

图6.2-4 刚架桥

6.2-5 悬索桥

(5)组合体系

①连续刚构:连续刚构是由梁和刚架相结合的体系,它是预应力结构采用悬臂施工法发展起来的一种新体系。

②梁、拱组合体系:这类体系中有系杆拱、桁架拱、多跨拱梁结构等。它们利用梁的受弯与拱的承压特点组成联合结构。

③斜拉桥:它是由承压的塔、受拉的索与承弯的梁体组合起来的一种结构体系。梁体用拉索多点拉住,好似多跨弹性支承连续梁,使梁体内弯矩减小,降低了建筑高度;又因栓焊连接与正交异性板的箱形断面构造的应用,使结构充分利用材料的受力特性,从而减小了结构自重,节省了材料。

2. 桥梁的其他分类

(1)按用途划分,有公路桥、铁路桥、公路铁路两用桥、农桥、人行桥、运水桥(渡槽)及其他专用桥梁(如通过管路、电缆等)。

(2)按桥梁全长和跨径的不同,分为特大桥、大桥、中桥和小桥,如表6.2-1所示。

城市桥梁按总长或跨径分类　　　　表 6.2-1

桥 梁 分 类	多孔跨径总长(m)	单孔跨径总长(m)
特大桥	$L > 1000$	$L_k > 150$
大桥	$100 \leq L \leq 1000$	$40 \leq L_k \leq 150$
中桥	$30 < L < 100$	$20 \leq L_k < 40$
小桥	$8 \leq L \leq 30$	$5 \leq L_k < 20$

(3)按主要承重结构所用的材料划分,有圬工桥(包括砖、石、混凝土桥)、钢筋混凝土桥、预应力混凝土桥、钢桥和木桥等。

(4)按跨越障碍的性质,可分为跨河桥、跨线桥(立体交叉)、高架桥和栈桥。

(5)按上部结构的行车道位置,分为上承式桥、下承式桥和中承式桥,如图6.2-6所示。

a)上承式拱桥

b)中承式拱桥

c)下承式拱桥

图 6.2-6　拱桥按桥面位置分类

(6)按跨越方式可分为固定式桥梁、开启桥、浮桥、漫水桥等。

固定式桥梁:指一经建成后各部分构件不再拆装或移动位置的桥梁。

开启桥:指上部结构可以移动或转动的桥梁。

浮桥:指用浮箱或船只等作为水中的浮动支墩,在其上架设贯通的桥面系统以沟通两岸交通的架空建筑物。

漫水桥:又称过水桥,指洪水期间容许桥面漫水的桥梁。

(7)按施工方法分类,混凝土桥梁可分为支架现浇桥梁和预制拼装施工桥梁,如图6.2-7所示。

a)支架现浇桥梁

b)预制拼装桥梁

图6.2-7 桥梁按施工方法分类

三、桥梁术语

1.跨径

跨径是指桥梁两相邻墩支座间的距离,表示桥梁的跨越能力。对多跨桥,最大跨度称为主跨,是表征桥梁技术水平的重要指标,如图6.2-8所示。

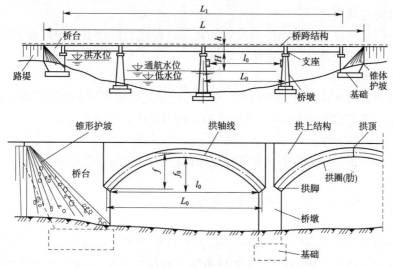

图6.2-8 桥梁示意简图

2.计算跨径

桥跨结构的力学计算常用来计算跨径。桥跨结构两个支点间的距离称为计算跨径。对于梁式桥是指桥跨两端相邻支座中心之间的距离。对于拱式桥是指拱轴线两端点之间的距离。

3.净跨径

对于梁式桥,净跨径是指设计洪水位线上相邻两个桥墩(或桥台)之间的水平净距,而拱式桥是指每孔拱跨拱脚截面内边缘之间的距离。

4.总跨径

各孔净跨径之和称为总跨径。桥梁的净跨径和总跨径是反映桥梁泄洪能力和通航标准的指标。

5.标准跨径

对公路梁式桥,标准跨径是指两相邻桥墩中线间的距离,或桥墩中线与桥台台背前缘间的距离;对拱式桥,是指其净跨径。铁路桥常以计算路径作为标准路径。

6. 桥长

对于梁式桥,桥长指两桥台侧墙或八字墙之间的距离 L。

桥长是衡量桥梁大小的最简单的技术指标:一般把桥梁两端桥台的侧墙或八字墙尾端点之间的距离称为桥梁全长,简称桥长。

无桥台时,桥梁全长为桥跨结构的行车道板全长距离。桥梁规范中根据桥梁跨径总长 L 和单孔跨径 L_0 划分桥梁的规模大小。

总长是指桥梁两端桥台台背前缘间的距离。桥梁的单孔路径是指桥墩中线间距离或桥墩中线与桥台背前缘的间距。对于拱式桥是指其净跨径。

7. 桥下净空

桥下净空高度是指设计洪水位或设计通航水位至桥跨结构下边缘之间的距离。该距离应满足安全排洪及通航的要求。

8. 桥梁建筑高度

桥梁建筑高度是指桥下行车路面(或轨顶)与桥跨结构下边缘之间的高差。通常桥梁建筑高度应小于其容许建筑高度,即桥面高程与通航净空顶部高程之差。

9. 桥梁容许建筑高度

桥梁容许建筑高度是指公路桥面或铁路轨底高程减去设计洪水位高程,再减去通航或排洪所要求的梁底净空高度。通常桥梁建筑高度应小于其容许建筑高度。

10. 桥梁高度

桥梁高度是指低水位至桥面的高差。对于跨线桥是指桥下道路路面至桥面的高差。桥高的不同对桥梁施工的要求也不同,其施工的方法和难度会有很大差异。

11. 计算矢高

计算矢高即从拱顶截面形心至相邻两拱脚截面形心之连线的垂直距离。

12. 净矢高

净矢高即从拱顶截面下缘至相邻两拱脚截面下缘最低点之连线的垂直距离。

13. 矢跨比

矢跨比指拱桥中拱圈(或肋拱)的计算矢高与计算跨径之比或净矢高与净跨径之比,又称矢度。用于表征拱的坦陡程度,它不但影响主拱圈内力的大小,还影响拱桥的构造形式和施工方法的选择,同时影响拱桥与周围景观的协调。一般的矢跨比小于 1/5 的拱桥称坦拱,大于或等于 1/5 的称陡拱。

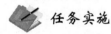 任务实施

任务:桥梁工程图识读。

桥梁在建设过程中需要许多图纸,一般包括桥位平面图、桥位地质断面图、总体布置图、构件图和大样图等。其中前三种图是控制桥梁位置、地质状况、桥梁结构系统的主要图样。

1. 桥位平面图

桥位平面图是指将桥梁的设计结果绘制在实地测绘出的地形图上所得到的图样。桥位平面图反映桥梁与路线的连接情况,通过实际测绘桥位处的道路、河流、水准点、钻孔位置和数据以及附近的地形和地物(如房屋、厂房、原有桥梁等),以便作为设计桥梁、施工的依据,这种图一般采用较小的比例,如 1:500、1:1000、1:2000 等。

图6.2-9所示为某桥的桥位平面图，图中采用指北针确定桥梁、路线及地形地物的方位，路线线形情况、起始桩号、高程等，同时还附注钻探孔、静探孔的位置及编号。

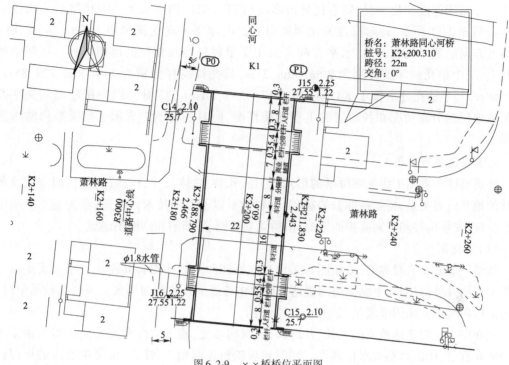

图6.2-9 ××桥桥位平面图

2. 桥位地质断面图

如地质情况不复杂的河床，可将地质情况用柱状图绘制在桥梁总体布置图中的立面图左侧，如图6.2-10所示。图6.2-10反映桥梁桥台桩基础所处位置是从淤泥质粉质黏土到夹粉砂，桩顶高程28.60m，桩底高程28.20m，总长26m。两侧桩基础地质情况相同。

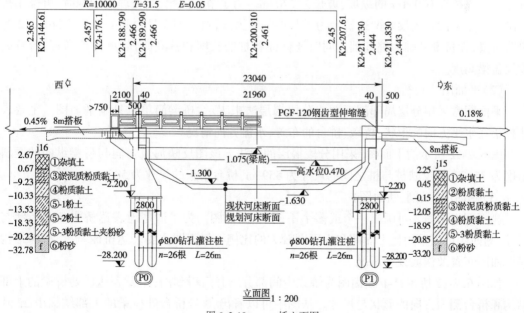

图6.2-10 ××桥立面图

地质情况比较复杂的河床需要绘制桥位地质纵断面图,它由地质概况资料表和图形两部分组成,表示桥梁所在位置的地质水文情况,作为桥梁设计的依据。地质断面图为了显示地质和河床深度变化情况,特意把地形高度(高程)的比例较水平方向比例放大数倍画出。如图6.2-11所示,地形高度的比例采用1:250,水平方向比例采用1:500。同时该图在高度方向绘制了高程标尺,水平方向则采用了里程桩号和相应的地面高程。从图中可以看出,三个钻孔的深度分别为20m、60m、21m,其孔口高程分别为744.06m、729.88m、743.68m,三个钻孔分别位于K47+513、K47+533、K47+573处。图中用断面和文字表明了各地层的分布情况和各地层的工程地质情况,同时还在图中表示了桥梁墩台的布置情况。

3. 桥梁总体布置图

桥梁总体布置图主要反映桥梁的形式、跨径、孔数、总体尺寸、桥面高程、桥面宽度及各构件的相互位置关系,桥梁各部分的高程、材料数量以及总的技术说明等,作为施工时确定墩台位置、安装构件和控制高程的依据,由桥梁立面图、平面图和剖面图组成。

(1) 立面图

桥梁一般是左右对称的,立面图常采用半立面图和半剖面图合并而成。半立面图表达桥梁主要构件外部形状,半纵剖面图表达桥梁沿中心线剖开的剖面形式。当桥梁较简单时,也可采用单纯的立面图来表示,如图6.2-12所示。

立面图上主要表达桥梁的总长、各跨跨径、纵向坡度、施工放样和安装所必需的桥梁各部分的高程、河床的形状及水位高度。同时也反映桥位起始点、终点、桥梁中心线的里程桩号及立面图方向桥梁各主要构件的相互位置关系。立面图可以反映出桥梁的大致特征和桥型。

图6.2-12所示为一座总长24.84m的单孔简支梁桥,它由立面图、平面图、剖面图三个部分组成,桥梁起点桩号K0+206.28,终点桩号K0+231.12,桥跨中心的位置在K+218.7桩号处。该桥设有0.1%的纵坡,坡长为270cm。为了节省图幅,当桩埋置较深时,可采用折断画法。立面图中还反映两边桥台为带耳墙的重力式桥台,即0号台和1号台,图6.2-12为单跨桥梁,无桥墩基础为桩基础。同时还标注各桩的长度和桩底高程、承台顶高程、台身高度及盖梁高度。

(2) 平面图

平面图常采用分层局部剖面图或分段揭层法来表示,桥梁简单时只画平面图。主要表达桥梁在水平方向的形状,桥墩、桥台的布置,水流方向情况。

图6.2-12所示的平面图,采用分段揭层的画法。该图反映河流走向与桥梁纵向的倾斜角度为75°,右侧反映桩与桩之间的尺寸为559cm,桥台搭板的尺寸为500cm。

(3) 侧面图(横剖、断面图)

侧面图根据需要可画出一个或多个不同剖、断面图。为了清楚地表达桥梁断面形状与尺寸,侧面图可以采用比平面图和立面图较大的比例。侧面图主要表达桥面宽度、桥跨结构横断面图布置及横坡设置情况。

如图6.2-12所示,1-1断面图为桥梁中间部分断开后得到的,主要表达该处桥梁的上部结构和桥台侧面方向的形状与尺寸。从图中可以看出,0号桥台处桥梁的上部结构由22片空心板梁组成,承台高度1.3m,桩径1.2m,桩长22m。

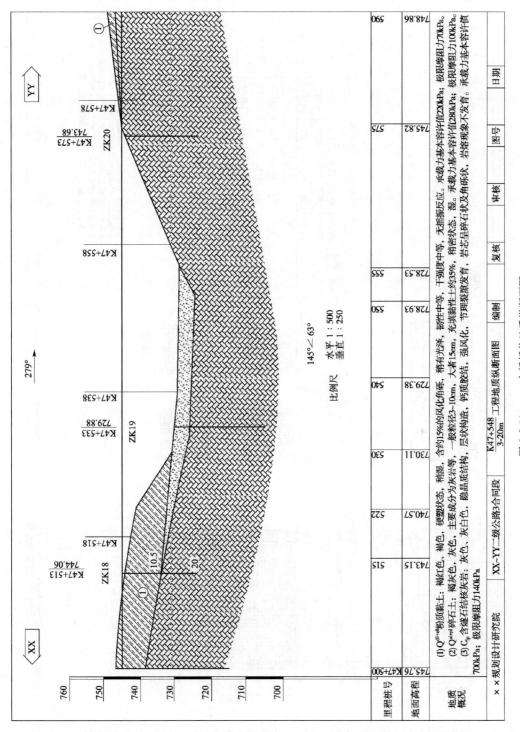

图 6.2-11 ××大桥桥位地质纵断面图

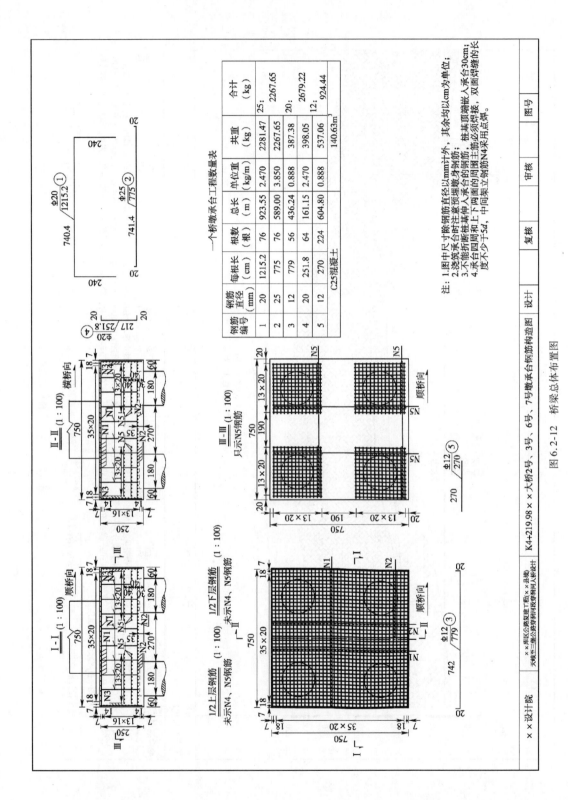

图 6.2-12 桥梁总体布置图

4. 构件图

在总体布置图中,桥梁的构件未能全部详细完整地表达出来,因此只借助总体布置图不能进行施工,尚需根据总体布置图采用较大的比例把构件的形状、大小完整地表达出来,才能作为施工的依据,这种图称为结构图,简称构件图,由于采用比例较大,故也称为详图。如主梁结构图、桥台图、桥墩图、桩基图和防撞护栏图等。构件图常用的比例为1:10~1:50。某些局部可采用更大的比例(1:3~1:10)来画局部放大图。

构件图主要表明构件的外部形状及内部构造(如配筋情况等),所以又包括一般构造图和结构图两种。构造图只画形状,不画内部钢筋,当构件外形简单时可省略构造图。结构图主要表示钢筋布置情况,通常又称为构件钢筋布置图。结构图一般包括钢筋布置情况、钢筋编号及尺寸、钢筋详图(即钢筋成型图)、钢筋数量表等内容。图中钢筋直径以 mm 为单位,其余均以 cm 为单位。图中受力钢筋用粗实线表示,线宽为 b,构造筋比受力筋要略细一些。构件的轮廓线用细实线表示,线宽为 $0.25b$,尺寸线等用细实线表示,线宽为 $0.25b$。

(1)桥台结构图

桥台属于桥梁的下部结构,它的主要作用分为三个方面:①桥梁两端的支柱,将梁以上的荷载传递给地基;②承受桥头路堤填土的水平推力;③保证与桥台相连的路基(桥头路基)的稳定。我国公路桥梁的桥台可分为重力式桥台、轻型桥台、框式桥台、组合式桥台、承拉式桥台,其中重力式桥台又分为埋式桥台、U形桥台、八字式和一字式桥台。

如图 6.2-13 所示,此图为常见的 U 形桥台,它由台帽、台身、侧墙(翼墙)和基础组成。这种桥台是由前墙和两道侧墙垂直相连成"U"字形,再加上台帽和基础两部分组成。纵剖

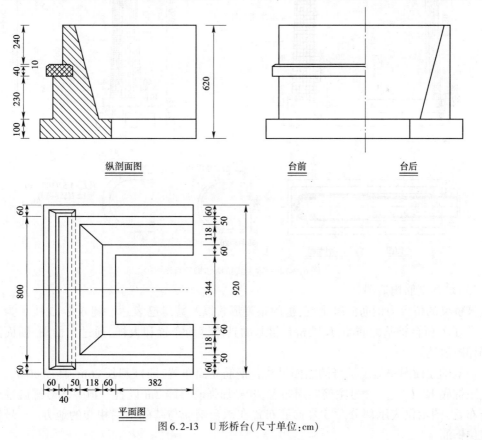

图 6.2-13 U形桥台(尺寸单位:cm)

面图表示桥台基础、前墙后帽的断面形状与材料;平面图表示桥台的水平投影,桥台基础长度、宽度、侧墙长度、宽度等尺寸,侧面图是由1/2台前和1/2台后两个图合成。

(2)桥墩结构图

桥墩是桥梁的下部结构,所谓桥墩,是指在两孔和两孔以上的桥梁中除两端与路堤衔接的桥台外其余的中间支撑结构。桥墩中分为重力式桥墩、空心桥墩、桩(柱)式桥墩、柔性墩和框架式桥墩。

其中重力式桥墩由墩帽、墩身和基础三部分组成。墩身的平面形状在河中可以做成圆端形或尖端形,在无水岸墩或高架桥也可做成矩形,在水流与桥梁斜交时,可做成圆形。如图6.2-14所示,图样由半立面图、半剖面图、半平面图、半配筋图、半侧立面图半配筋图组成。立面图中可看出墩身的宽度、高度以及墩身倾斜比例为1:30,墩帽长度、高度;平面图反映墩身、墩帽宽度,以及圆端形墩帽形状,1-1剖面图可看出圆端处钢筋布置情况,①号钢筋为$\phi 8$、间距20的一级钢筋,钢筋与混凝土之间的保护层厚度。由于墩身不是竖起向下而是有一定的倾斜度,因此钢筋的曲线长度也有相应的变化在②号钢筋中表现出来;侧面图中反映桥墩的高度和厚度,同时也表达①号钢筋的长度。

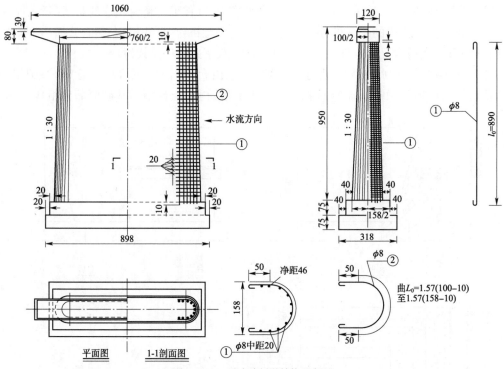

图6.2-14 重力式桥墩结构示意图

(3)桩基钢筋构造图

该桥梁的桥台为钢筋混凝土桩,桩的布置形式以及数量已表达。图6.2-15所示为××桥0号、1号桥台桩基配筋图,反映桥台桩基的具体钢筋布置和大样,通过立面图、断面图及钢筋详图表达。

桩基础立面图中显示桩身的立面尺寸和钢筋立面布置,即桩基长26m,直径80cm,钢筋笼底距桩底$1/3L$。①、②号主筋圆周布置,③号加强筋每隔2m设置一道。④号螺旋箍筋沿桩长布置,图示仅表示部分。⑤号箍筋布置在承台钢筋与基础垫层相交的地方。0号钢筋为定位钢筋。

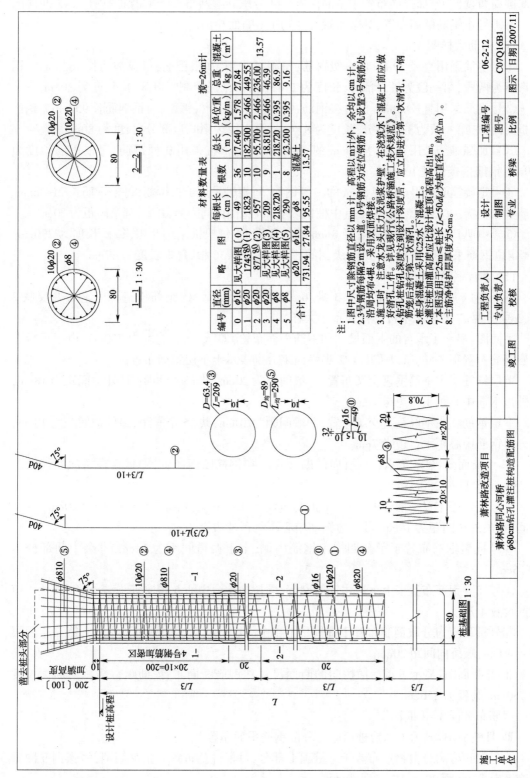

图 6.2-15 ××桥台帽,基础配筋图

1-1 断面图反映桩身的断面尺寸和钢筋断面布置,即桩基断面直径为 80cm。①、②号主钢筋圆周布置,③号加强筋布置于主筋内侧。④号螺旋箍筋布置于主钢筋外侧。2-2 断面图中只有①号主钢筋圆周布置,其余布置方式与 1-1 断面相同。

(4)钢筋大样图

①号主筋采用直径 20mm 的一级钢筋,每根桩采用 10 根钢筋,每根钢筋长 1823cm。钢筋弯折为两段,第一段为桩身部分,长度为 1743cm,第二段为喇叭口部分,长度为 80cm。

②号主筋采用直径 20mm 的一级钢筋,每根桩采用 10 根钢筋,每根钢筋长 957cm。钢筋弯折为两段,第一段为桩身部分,长度为 877cm,第二段为喇叭口部分,长度为 80cm。

③号加强箍筋采用直径为 20mm 的一级钢筋,每根桩采用 9 根钢筋,每根钢筋长度为 209cm,钢筋搭接长度 10cm。

④号螺旋箍筋采用直径为 8mm 的一级钢筋,每根桩采用 1 根钢筋,每根钢筋长 21872cm。钢筋呈螺旋状,中心直径 70.8cm,其中桩顶以下 2m 范围内间距为 10cm,其余间距为 20cm。

⑤号喇叭口加强箍筋采用直径 8mm 的一级钢筋,每根桩采用 8 根,每根长度为 290cm。
0 号定位钢筋采用直径 16mm 的一级钢筋,每根桩采用 36 根,每根长度为 49cm。

(5)承台钢筋构造图

图 6.2-12 所示是××桥 2 号、3 号、6 号、7 号桥墩承台的钢筋构造图。它主要反映 2 号、3 号、6 号、7 号桥墩承台的钢筋布置大样。

平面图:显示了承台的平面尺寸和钢筋平面布置,即承台长、宽均为 750m。由于承台上下层钢筋布置不一样,所以采用 1/2 半平面来分别表示上下层钢筋布置。

上层钢筋①主钢筋垂直交叉布置,一般间距为 20cm,共 35 个间距,最外边间距为 18cm,最外边钢筋中心距承台边缘 7cm。

下层钢筋②主钢筋垂直交叉布置,一般间距为 20cm,共 35 个间距,最外边间距为 18cm,最外边钢筋中心距承台边缘 7cm。

Ⅰ-Ⅰ断面图:显示了承台顺桥向的断面尺寸和钢筋断面布置,即承台顺桥向断面长度为 750cm,高度为 250cm。

①号主钓船布置于承台上缘,②主钢筋布置于承台下缘,顺桥向一般间距为 20cm,共 35 个间距,最外边间距为 18cm,最外边钢筋中心距承台外边缘 7cm。

③号抗裂钢筋布置于承台四周主钢筋内侧,上下两道间距为 14cm,其余中间部分均为 16cm。

④号架立钢筋布置于上下层主钢筋网间,顺桥向承台中心 5 道主筋设置 1 道,其余 4 道主筋设置 1 道。

⑤号桩顶应力分散钢筋布置于基桩顶上部分,共两层,第一层距桩顶 40cm,第二层距第一层 40cm,顺桥向间距 20cm。

Ⅱ-Ⅱ断面图:显示了承台横桥向的断面尺寸和钢筋断面布置,即承台横桥向断面长度为 750cm,高度为 250cm。

钢筋布置同Ⅰ-Ⅰ断面图。

Ⅲ-Ⅲ断面图:显示了承台桩顶应力分散钢筋平面布置。

⑤号桩顶应力分散钢筋布置于基桩顶上部分,每根桩基布置 1 张钢筋网,每张钢筋网垂直交叉布置,间距 20cm,共 13 个间距。

钢筋大样图:这 5 种钢筋形状简单,请读者自己分析,不再叙述。

任务三　涵洞工程图

学习目标

(1)认知涵洞的概念、作用。
(2)认知涵洞的分类。
(3)能够说出涵洞的结构组成及各部分的作用。
(4)能够正确识读钢筋混凝土圆管涵、盖板涵等工程图。

任务描述

涵洞(图6.3-1)和桥梁、隧道、高速公路等共同组成了我国纵横的交通网络,它们的共同作用是跨越障碍物,但跨越障碍物的位置不同,桥梁是从障碍物的上面跨越,像河流、峡谷之类;涵洞、隧道是从障碍物的内部穿越,像山脉、高速公路之类。

图6.3-1　涵洞

涵洞是修建在路基、堤坝或塘堰当中,由洞身及洞口建筑组成的排水构造物。一般用来宣泄小量水流,作排洪、灌溉之用,少数用作交通,供行人、车辆通过。

本任务要求学生在理解涵洞的作用、结构组成的基础上能正确识读各种涵洞结构图并能指导涵洞施工。

相关知识

一、涵洞的基本知识

涵洞是从路面下方横穿过道路,埋置于路基土层中用于宣泄路堤下水流的工程构筑物,它与桥梁的主要区别在于跨径的大小和填土的高度。工程技术标准中规定,凡是单孔跨径小于5m,多孔跨径总长小于8m,以及圆管涵、箱涵,不论其管径或跨径大小、孔数多少均称为涵洞。涵洞顶上一般都有较厚的填土(洞顶填土大于50m),填土不仅可以保持路面的连续性,而且分散了汽车荷载的集中压力,并减少它对涵洞的冲击力。在工程图中的涵洞,经常由于尺寸判断错误而造成工程返工。下面介绍如何识读涵洞工程图。

二、涵洞的分类

(1)按构造形式分类:圆管涵、拱涵、箱涵、盖板涵等,工程上多用此类分类方法,如图6.3-2所示。

图 6.3-2 涵洞分类

(2)按建筑材质分类：钢筋混凝土涵、混凝土涵、砖涵、石涵、木涵、金属涵等。
(3)按洞身断面形状分类：圆形、卵形、拱形、梯形、矩形等。
(4)按孔数分类：单孔、双孔、多孔等。
(5)按洞口形式分类：一字式(端墙式)、八字式(翼墙式)、领圈式、走廊式等。
(6)按洞顶有无覆盖土分类：明涵和暗涵(洞顶填土大于50cm)等。

三、涵洞组成

涵洞是由洞口、洞身、基础三部分组成的排水构筑物，图 6.3-3 所示为钢筋混凝土圆管涵立体分解图，从中可以了解涵洞各部分的名称、位置和构造。

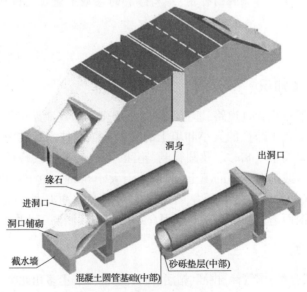

图 6.3-3 钢筋混凝土圆管涵立体分解图

1. 洞身

洞身是涵洞的主要部分,是形成过水孔道的主体,它的主要作用是保证水流通过,同时承受活载压力和土压力等,并将其传递给地基,保证设计流量通过的必要孔径。常见的洞身形式有圆管涵、拱涵、箱涵、盖板涵。洞身通常由承重结构(如拱圈、盖板等)、涵台、基础以及防水层、伸缩缝(图6.3-4)等部分组成。

图6.3-4 圆管涵洞身伸缩缝

2. 洞口

洞口包括端墙、翼墙或护坡、截水墙和缘石等部分,它是保证涵洞基础和两侧路基免受冲刷,使水流顺畅的构造,一般进出水口均采用同一形式。

常用的洞口形式有端墙式、翼墙式(又称八字翼墙)、锥形护坡式(采用1/4正椭圆锥)、平头式、走廊式、一字墙护坡式、上游急流槽(或跌水井)、下游激流坡式、倒虹吸式、阶梯式洞口及斜交洞口等,如图6.3-5所示。设计时根据实地情况选择上下游洞口的形式与洞身组合使用。

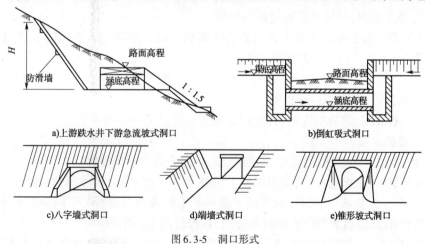

图6.3-5 洞口形式

3. 基础

设置在天然地基上的涵底基础,除岩石、砾石及粗砂地基外,均应将基底埋入冰冻线以下不小于0.25m。

当基底下有软土层时,为了将基础置于好的土层上或需要人工加固地基时,往往将基础埋置于较深的土层中。

对砾石、卵石土,先用砂填冲地基土空隙并夯实,然后填筑0.4m厚砂垫层;对粗、中、细砂地基土,表层应夯实;对匀质黏性地基土,应做砂垫层。

当沟床坡度大于5%时,涵底基础宜每隔3~5m设置防滑横隔墙或把基础分段做成阶梯形。

在无冲刷处,除岩石地基外,涵洞基底一般应设在天然地面或河底面以下1m,如河床上有铺砌层时,一般宜设在铺砌层顶面以下1m。

混凝土基础如图6.3-6所示,碎石基础如图6.3-7所示。

图6.3-6 混凝土基础

图6.3-7 碎石基础

四、涵洞工程图

涵洞从路面下方穿过道路,埋置于路基土层中,尽管涵洞的种类很多,但图示方法基本相同。

涵洞工程图主要由立面图(纵剖面图)、平面图、侧面图和必要的构造详图(如涵身断面图、构件钢筋结构图、翼墙断面图)、工程数量表、附注等组成,各种图形表达涵洞的结构形状及尺寸,工程数量表给出全涵各构件的材料及数量,附注说明一些图中无法表达的内容,如尺寸单位、施工方法和注意事项等。

1. 工程图特点

(1)在图示表达时,涵洞工程图以水流方向为纵向(即与路线前进方向垂直布置),并以纵剖面图代替立面图,剖切平面通过涵洞轴线。

(2)平面图一般不考虑涵洞上方的覆土或假想土层是透明的。平面图上有时不画出洞身基础的投影,而在立面图和断面图中表达。

(3)洞口正面布置图在侧面投影图上的位置作为侧面图,当进、出水洞口形状不一样时,则需分别画出其进、出水洞口布置图。

(4)洞身断面图、钢筋布置图、翼墙断面图等也可在另一张图中表达。

2. 涵洞读图方法

先概况了解,后深入细读;先整体、后局部,再综合起来想象整体。

(1)概况了解:从标题栏、角标及图样上的注释中了解名称、尺寸单位、涵洞所处的位置(里程桩号)及有关要求。了解涵洞采用了哪些基本的表达方法,采用了哪些特殊的表达方法,各剖面图、断面图的剖切位置和投影方向,各投影的主要作用。

(2)结构分析:根据涵洞各组成部分的构造特点,可把它沿长度方向分成几段或沿宽度方向分成几部分,然后对每一部分进行分析。

(3)综合起来想整体:在分析的基础上,对照涵洞的各投影图、剖面图、断面图、局部放大图等全面综合,明确各组成部分之间的关系,考虑涵洞图的特点,想象出整体。在读图过程中要结合材料表和注释认真阅读。

 任务实施

任务1:钢筋混凝土盖板涵工程图识读。

图 6.3-8 所示为单孔钢筋混凝土盖板涵立体图，图 6.3-10 所示为其构造图，比例为 1:50，洞口为八字墙，洞高度为 120cm，净跨度为 100cm，总长度为 1482cm。由于其构造对称，故采用半纵剖面图、半剖平面图和侧面图等来表示。

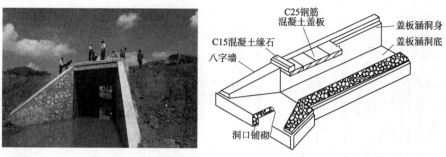

图 6.3-8　钢筋混凝土盖板涵立体图

1. 半纵剖面图

本图把带有 1:1.5 坡度的八字墙和洞身的连接关系以及洞高 120cm、洞底铺砌 20cm、基础纵断面形状、设计流水坡度 1% 等表示出来。盖板及基础所用材料亦可由图中看出，但未画出沉降缝位置。

2. 半平面图及半剖面图

半平面图和半剖面图能把涵洞的墙身宽度、八字墙的位置表示得更加清楚，涵身长度、洞口的平面形状和尺寸以及墙身和翼墙的材料均可在图上看出。为了便于施工，在八字墙的Ⅰ-Ⅰ和Ⅱ-Ⅱ断面图上表示该位置翼墙墙身和基础的详细尺寸、墙背坡度以及材料情况。Ⅳ-Ⅳ断面图和Ⅱ-Ⅱ断面图类似，但有些尺寸要变动，请读者自行思考。

3. 侧面图

本图反映出洞高度 120cm，净跨径 100cm，同时反映出缘石、盖板、八字墙、基础等的相对位置和它们的侧面形状，在图 6.3-8 中按习惯称洞口立面图。

任务 2：钢筋混凝土圆管涵(图 6.3-9)工程图识读。

图 6.3-11 所示为钢筋混凝土圆管涵构造图，

图 6.3-9　钢筋混凝土圆管涵

比例为 1:50，洞口为八字墙式，涵管内径为 100cm，涵管长度为 1400cm，再加上两边洞口铺砌长度得出涵洞的总长度为 1716cm。由于其构造对称，所以在投影图中只画一半。图中采用立面图、平面图、洞口立面图及翼墙大样图、涵身断面大样图来表示。

1. 立面图

立面图采用半纵剖面图形式，图中表示出涵洞各部分的相对位置和构造形状，由图可知：管壁厚 10cm，设计流水坡度 0.5%，洞底砂垫层厚 30cm，混凝土管基厚 20cm，截水墙的高度为 120cm、宽度为 40cm，缘石的形状、尺寸。路基宽度 1200cm，路基边坡为 1:1.75，各部分所用材料均于图中表达出来。

2. 平面图

平面图用半投影图来表示。图中表达了洞口基础、端墙、缘石、端墙基础的平面形状，并表示出涵洞总长度为 1716cm，截水墙长度为 322cm。涵顶覆土作透明处理，但路基边缘线应画出，并以示坡线表示路基边坡。

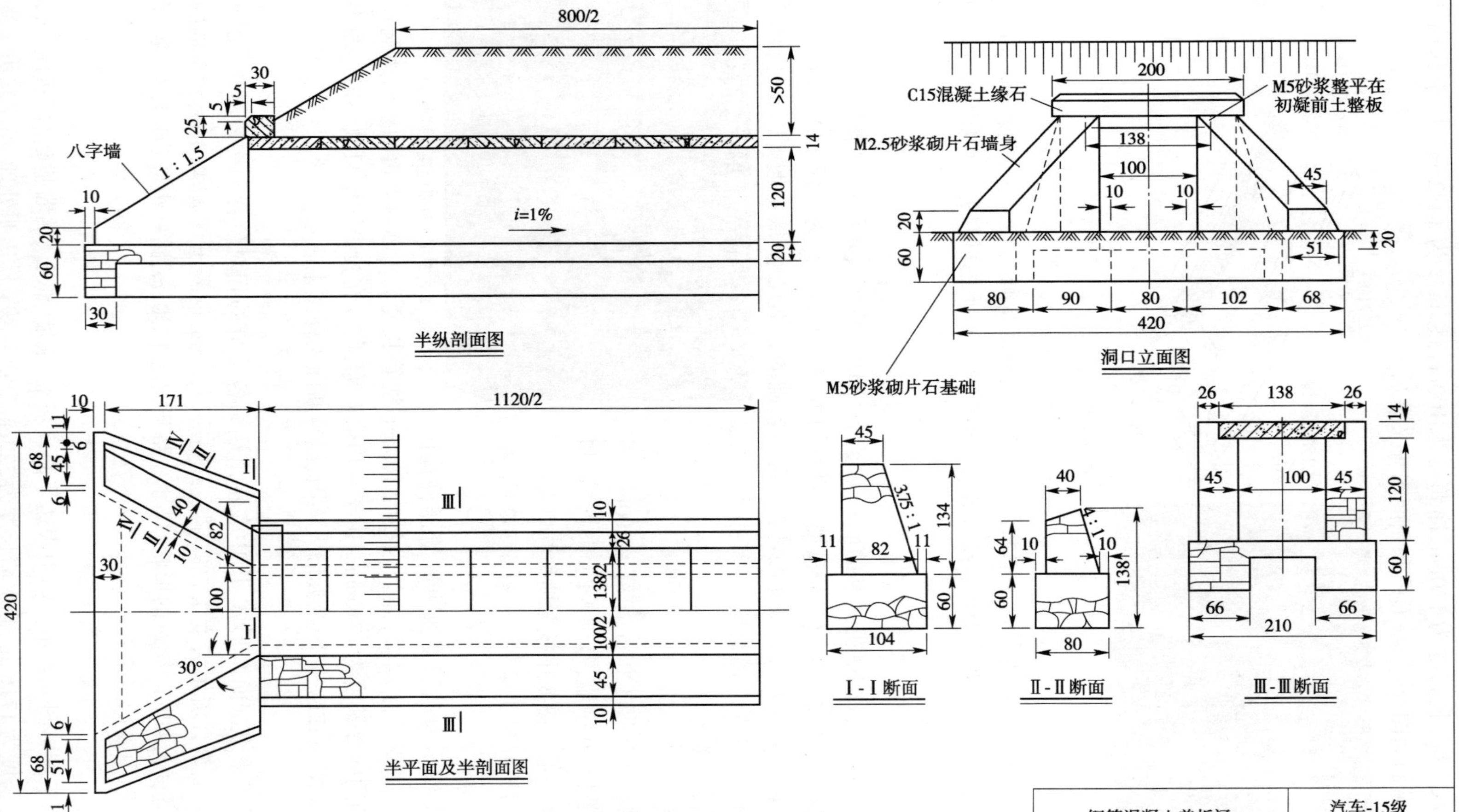

注：1.本图尺寸均以cm计；
2.洞底铺砌用M5砂浆砌筑，盖板用C20钢筋混凝土；
3.基础深度应视实际情况确定，但最小不得小于60cm；
4.本工程施工时，必须安装好上部构造后才能填土。

钢筋混凝土盖板涵 (净跨×合高=100×120)	汽车-15级
	比例1：50
单孔构造图	图号：

图 6.3-10　钢筋混凝土盖板涵构造图

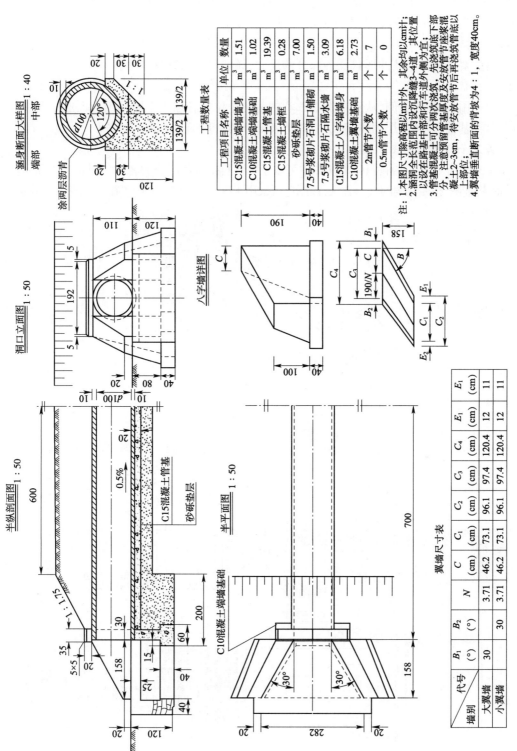

图 6.3-11 圆管涵单孔构造图

3. 侧面图

侧面图采用洞口正面图来表示,主要表示洞口缘石和翼墙的侧面形状及尺寸,图中表示出涵洞高度为110cm,缘石长度为202cm,并表示出缘石、翼墙以及管身、基础等的相对位置。

4. 八字墙大样图

该图主要表明八字墙的形状及各部分的尺寸,详细尺寸见翼墙尺寸表。

5. 涵身断面大样图

该图采用1:40的比例,从涵身的端部和中部两个位置各取半个断面组合而成。图中表示出了涵身基础、沙砾垫层的详细尺寸,并把各部分的材料于图中表示出来。

任务3:石拱涵工程图识读。

图6.3-12所示为石拱涵立体图,从图中可以了解到石拱涵各部分的名称。图6.3-13所示为石拱涵的构造图,按照涵洞的表示方法,该图也可采用半纵剖面图、半剖平面图、侧面图共同表达。

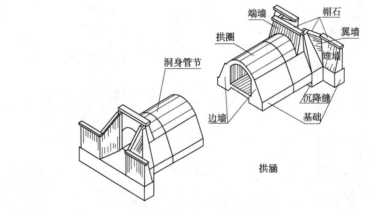

图6.3-12 石拱涵立体图

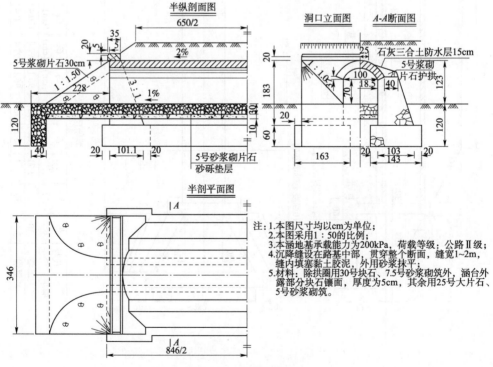

图6.3-13 石拱涵构造图

1. 半纵剖面图

由于主要表达涵洞的内部构造,而进、出水洞口的构造和形式相同,整个涵洞是左右对称的,所以用半纵剖面图来代替立面图。半纵剖面图是沿涵洞的中心线位置纵向剖切的,凡是剖到的各部分如截水墙、涵底、拱顶、缘石、路基等都应按剖开绘制,并画出相应的材料图例。另外,能看到的各部分如锥形护坡、端墙、涵台、基础等也应画出它们的位置。图中表示出路基宽度为 650cm,截水墙高度为 120cm,涵底铺砌为 30cm,沙砾垫层为 10cm;锥坡的坡度一般和路基的边坡相同,均为 1:1.5,拱顶的坡度为 2%,涵底的坡度为 1%;端墙的断面为梯形,背面是用虚线画出的,坡度为 3:1,端墙上面有端墙帽,又称缘石。

2. 半平面图

由于该涵洞是左右对称的,所以平面图只画出左边的一半。拱顶与端墙背面交线为椭圆曲线。图中表示出了锥形护坡、洞口铺砌、截水墙、端墙、缘石、洞身等的相对位置,并表示出洞身的总长度为 846cm。

3. 侧面图

涵洞的侧面图是由半个剖面图和半个投影图合成的。左半部为洞口部分的外形投影,主要反映洞口的正面形状和锥坡、端墙、缘石、基础等的相对位置,所以习惯上称为洞口正面图。右半部分为洞身横断面图,主要表达洞身的断面形状,主拱、护拱和涵台的连接关系,以及防水层的设置情况等。图中表示出锥形护坡沿横向的坡度为 1:10,涵洞的总高度为 263cm,并详细表示出主拱、护拱的尺寸及材料,主拱、护拱为浆砌片石,防水层为厚度 15cm 的石灰三合土。

任务 4:钢筋混凝土箱涵工程图识读。

下面以单孔斜交钢筋混凝土箱涵为例说明斜交工程图的图示特点。

如图 6.3-14 所示,涵洞为抬高式箱涵,翼墙式洞口,箱式洞身。左侧进水口采用了抬高式洞门,右侧出水口采用了不抬高式洞门,洞口均采用斜八字式墙,以提高通用性。

1. 立面图

立面图采用沿箱涵轴线剖切的 Ⅰ-Ⅰ 纵剖面图,但剖切平面与正立投影面倾斜,故立面图上不反映截断面的实形。

2. 平面图

平面图左半部分揭掉覆土,表示抬高式洞口部分与箱涵身的水平投影,右半部分则以路中心线为界面画出水平投影图,路基边缘以示坡线表示,同时采用截断面法,截去涵身两侧路段。图中采用了省略画法,如平面图中洞身基础未画出。

3. 侧面图

侧面图采用 Ⅱ-Ⅱ 剖面图表示洞口的立面投影,另外还画出了洞身的横断面图,并采用抬高段与不抬高段各画出一半的合成图。

4. 涵身钢筋结构图

由于箱涵的配筋结构与盖板涵或预制板不同,故图样表达也不同,图 6.3-15 为 1.5m × 1.5m 的涵身钢筋结构图,由于是标准图,同样采用了尺寸表的形式供选择。

该箱涵钢筋结构图的图示特点是:左半幅给出不抬高式或抬高式不抬高段的三面视图、平面钢筋布置图和 Ⅰ-Ⅰ 剖面及相应的侧面投影图 Ⅱ-Ⅱ 剖面局部;右半幅给出抬高式抬高段的立面(Ⅰ-Ⅰ 剖面)和侧面(Ⅲ-Ⅲ 剖面)。

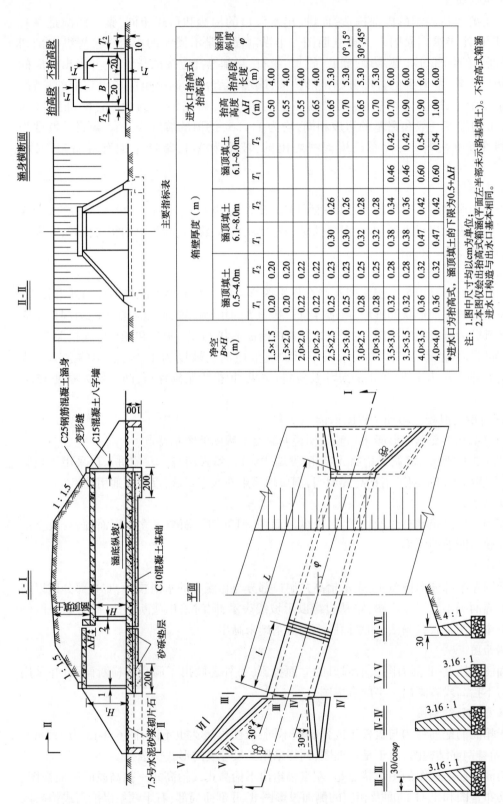

图 6.3-14 钢筋混凝土箱涵工程图

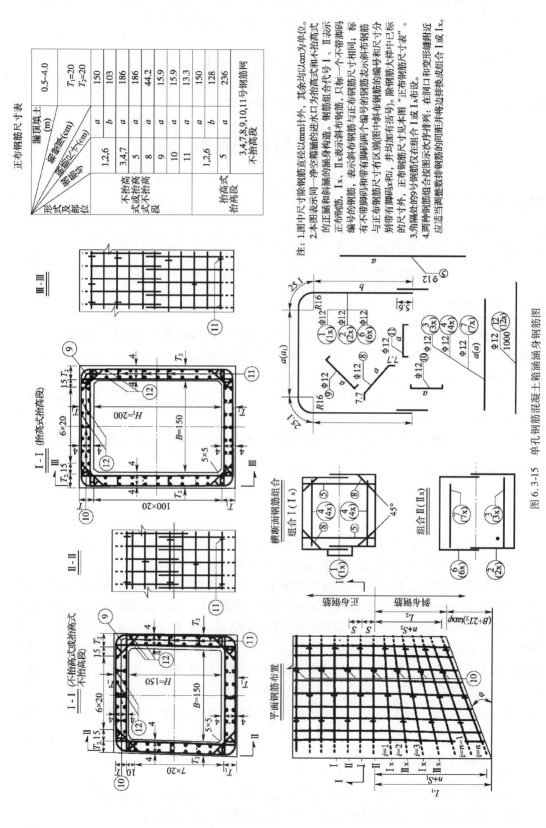

图 6.3-15 单孔钢筋混凝土箱涵涵身钢筋图

为了表示钢筋安装组合情况,对两种不同组合排列方式以横断面钢筋组合图的形式给出,并结合平面图中的代号作了表达。各钢筋的具体尺寸按钢筋表查得。

5. 标准图的套用

为了使标准图一图多用,增加灵活性和通用性,在标准图中均以字母代替尺寸数字,具体数值以主要指标表的形式给出,以便设计和施工时直接套用。图6.3-14中表列尺寸是以正涵身长10m计算的,具体套用时应以实际涵长来验算。

任务四 隧道工程图

学习目标

(1)认识隧道的基本概念。
(2)认识隧道洞门的种类及作用。
(3)能够正确识读隧道洞门工程图

任务描述

涵洞和桥梁、隧道、高速公路等共同组成了我国纵横的交通网络,它们的共同作用是跨越障碍物,但跨越的障碍物的位置不同,桥梁是从障碍物的上面跨越,像河流、峡谷之类;涵洞、隧道是从障碍物的内部穿越,像山脉、高速公路之类。

隧道的作用包括穿越山脉,缩短道路的距离,大大节约两地的行驶距离,提高道路的服务水平,缓解城市的交通压力和节省用地等。

本任务要求学生在理解隧道的作用、结构组成的基础上能初步识读隧道工程图。

相关知识

一、概述

隧道是修筑在岩体、土体或水底,两端有出入口的,供车辆、行人、水流及管线等通过的通道。包括交通运输方面的铁路、道路、水(海)底隧道和各种水工隧道等。

隧道虽然形体较长,但是中间断面形状变化较小,因此它所需要的结构图样比桥梁工程图要少一些。通常来说,隧道工程图包括四大部分,即地质图、线形设计图、隧道工程结构构造图及有关附属工程图。其中,隧道工程地质图包括隧道地区工程地质图、隧道地区区域地质图、工程地质剖面图、垂直隧道轴线的横向地质剖面图和洞口工程地质图;隧道的线形设计图包括平面设计图、纵断面设计图及接线设计图,它是隧道总体布置的设计图样;隧道工程结构图包括隧道洞门图、横断面图(表示洞身开关和衬砌及路面的构造)和避车洞图、行人或行车横洞等;隧道附属工程图主要包括通风图、照明图、供电设施图和通信、信号及消防救援施工图样等。

二、隧道分类

隧道是在地下或水下或在山体中,铺设铁路或修筑公路供机动车辆通行的建筑物。

(1)按照隧道所处的地质条件分类:分为土质隧道和石质隧道。

(2)按照隧道的长度分类:分为短隧道(铁路隧道规定:$L \leqslant 500m$;公路隧道规定:$L \leqslant 500m$)、中长隧道(铁路隧道规定:$500m < L \leqslant 3000m$;公路隧道规定:$500m < L < 1000m$)、长隧道(铁路隧道规定:$3000m < L \leqslant 10000m$;公路隧道规定:$1000m \leqslant L \leqslant 3000m$)和特长隧道(铁路隧道规定:$L > 10000m$;公路隧道规定:$L > 3000m$)。

(3)按照国际隧道协会(ITA)定义的隧道的横断面积的大小划分标准分类:分为极小断面隧道($2 \sim 3m^2$)、小断面隧道($3 \sim 10m^2$)、中等断面隧道($10 \sim 50m^2$)、大断面隧道($50 \sim 100m^2$)和特大断面隧道(大于$100m^2$)。

(4)按照隧道所在的位置分类:分为山岭隧道、水底隧道和城市隧道。

(5)按照隧道埋置的深度分类:分为浅埋隧道和深埋隧道。

(6)按照隧道的用途分类:分为交通隧道、水工隧道、市政隧道和矿山隧道。

隧道长度,是指进出口洞门端墙之间的水平距离,即两端端墙面与路面的交线同路线中线交点间的距离,并以此作为计量支付的依据。

三、隧道洞门及类型

洞门是隧道洞口用圬工砌筑并加以建筑装饰的支挡结构物。它联系衬砌和路堑,是整个隧道结构的主要组成部分,也是隧道进出口的标志。

洞门结构常由坡面稳定构造物、坡面截排水系统、碎落阻挡构件组成。洞门的主要作用是减小洞口土石方开挖量,稳定边、仰坡,引离地表水流,装饰洞口。公路隧道常用的洞门分为有墙洞门和无墙洞门两类。下面简要介绍几种洞门的形式。

1. 端墙式洞门

端墙式洞门俗称一字式洞门,适用于自然山坡陡峻、岩质稳定的Ⅳ类以上围岩和地形开阔的地区,是最长使用的洞门形式。端墙的作用在于支护门顶上的仰坡,保持其稳定,并将仰坡水流汇集排出,如图6.4-1所示。

2. 柱式洞门

柱式洞门是从端墙式洞门发展起来的,它实际也是一种端墙形式的洞门。地形较陡(Ⅳ级围岩),仰拱有下滑的可能性,又受地形或地质条件限制,不能设置翼墙时,可在端墙中部设置2个(或4个)断面较大的柱墩,以增加墙的稳定性。适用于城镇、乡村、风景区附近的隧道,如图6.4-2所示。

图6.4-1 端墙式洞门

图6.4-2 柱式洞门

3. 翼墙式洞门

翼墙式洞门(又称八字式洞门),是在端墙式洞门的两侧或一侧加设翼墙(挡墙)而成。

适用于地质较差的Ⅳ级以下围岩以及需要开挖路堑的情况。如图6.4-3所示，它由端墙、洞口衬砌（包括拱圈和边墙）、翼墙、洞顶排水沟及洞内外侧沟等部分组成。隧道衬砌断面除直边墙式外，还有曲边墙式。

4. 台阶式洞门

傍山隧道洞口，地面横坡较陡，为了适应地形，减少开挖，多采用台阶式洞门。适用于沿溪线傍山隧道半路堑情况，如图6.4-4所示。

图6.4-3　翼墙式洞门　　　　　　　　图6.4-4　台阶式洞门

5. 环框式洞门

当洞口岩层坚硬、整体性好、节理不发育，且不易风化，路堑开挖后仰坡极为稳定，并且没有较大的排水要求时采用。适用于洞口地形陡峭、岩层完整、坚硬而且无风化岩层，如图6.4-5所示。

6. 削竹式洞门

削竹式洞门是凸出式新型洞门，这类洞门是将洞内衬砌延伸至洞外，一般凸出山体数米。一般宜采用接长明洞，恢复原地形地貌的办法。此时，可采用削竹式洞门。构筑时可不破坏原有边坡的稳定性，减少土石方的开挖工作量，降低造价，而且能更好地与周边环境相协调，如图6.4-6所示。

图6.4-5　隧道式环框式洞门　　　　　　图6.4-6　削竹式洞门

7. 遮光棚式洞门

当洞外需要设置遮光棚时，其入口通常外伸很远。遮光构造物有开放式和封闭式之分，如图6.4-7所示。

图 6.4-7 遮光棚式洞门

8. 建筑物洞门

结合洞口通风房、管理站的建筑物修建洞门,形式更加多样化,建筑物一般要体现当地民风、民俗或重要事件意义。

 知识链接

绘制隧道洞门各部分的结构形状和尺寸的图样叫隧道洞门图。翼墙式洞门主要由洞门端墙、翼墙和排水系统组成。洞门墙用来挡住山体和边坡防止洞口塌方落石,端墙、翼墙都是向后倾斜的,不易被推倒。

端墙洞门由墙体、洞口环节衬砌及帽石等组成。它一般以一定坡度倾向山体,以保持仰坡稳定。端墙还可以阻挡仰坡雨水及土、石落入洞门前的轨道上,以保证洞口的行车安全。

洞身是隧道结构的主体部分,是列车通行的通道。包括直墙式和曲墙式,前者施工简单,山体较稳定时采用;后者施工复杂,山体破碎不稳定时采用,受力效果好。

四、隧道洞门的表达

隧道洞门图一般包括隧道洞门的立面图、平面图、剖面图、断面图等,图 6.4-8 所示为某公路的柱式隧道洞门图。

1. 立面图

立面图即隧道洞门正面图,它是沿线路方向对隧道门进行投射所得的投影。正立面图反映洞门墙的样式、衬砌的形状和尺寸、端墙顶水沟的坡度、隧道路面横坡等。从图 6.4-8 所示的立面图可看出:

(1)图中隧道衬砌由两个半径($R=444.8$cm 和 $R=380$cm)的三段圆弧和两直边墙组成,拱圈厚度为 60cm。

(2)立柱的长度为 150cm,隧道洞口净空尺寸宽为 750cm,横坡度为 1.5%。洞口墙的上面有一条从左往右方倾斜的虚线,并标有 1% 的箭头,表明洞门顶部有坡度为 1% 的排水沟,用箭头表示流水方向。

(3)其他虚线则反映洞门墙和隧道底面的不可见轮廓线,它们被洞门前面两侧路堑边坡和公路路面遮住不可见,所以用虚线表示。

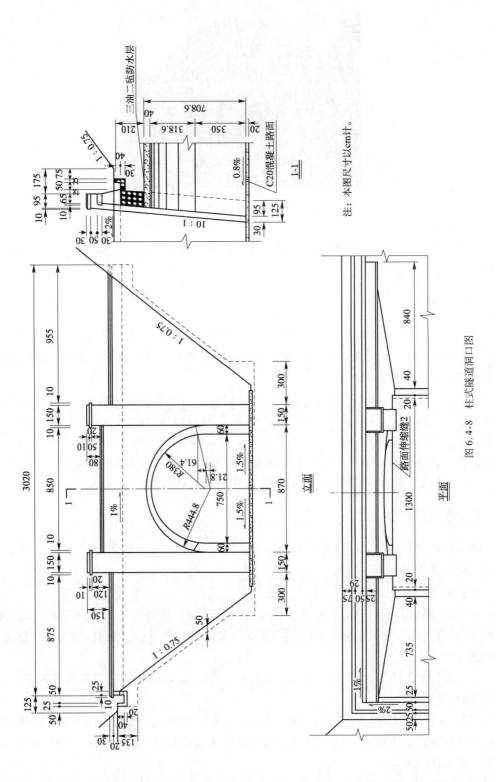

图 6.4-8 柱式隧道洞口图

2. 平面图

平面图是隧道洞门的水平投影,它表示洞门墙顶帽和立柱的宽度、洞顶排水沟的构造和洞门处排水系统的情况等。

3. 剖面图

图 6.4-8 所示 1-1 剖面图是沿隧道中线所作的剖面图,洞门墙水平投影厚度为 30 cm,端墙、顶帽和立柱的宽度均表示在其中,图中洞门墙倾斜坡度为 10∶1,隧道顶上仰坡的坡度为 1∶0.75,端墙顶水沟的断面形状和尺寸也表示出来。

五、避车洞图识读

避车洞有大、小两种,是供行人和隧道维修人员及维修小车避让来往车辆而设置的,它们沿路线方向交错设置在隧道两侧的边墙上。大避车洞设置时根据道床形式不同相隔间距有所变化。在碎石道床的隧道内,每侧相隔 300 m 布置一个大避车洞;在整体道床的隧道内,因人员行车待避较方便,且线路维修工作量较小,可相隔 420 m 布置。但对于小避车洞而言,无论在碎石道床或整体道床的隧道内,每侧边墙上应在大避车洞之间间隔 60 m(双线隧道按 30 m)布置一个小避车洞。

避车洞图包括纵剖面图、平面图、避车洞详图。

1. 纵剖面图

由于这种布置图图形比较简单,为了节省图幅,纵横方向可采用不同比例,纵向常采用 1∶2000,横向常采用 1∶200 等比例。

2. 平面图

平面图主要表示大、小避车洞的进深尺寸和形状,反映避车洞在整个隧道中的总体布置情况,如图 6.4-9 所示。

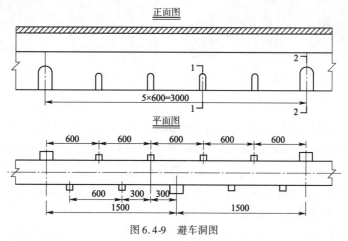

图 6.4-9 避车洞图

3. 避车洞构造图

图 6.4-10 所示为大避车和小避车洞构造图,洞内底面两边做成斜坡以供排水之用。

 知识链接

道床铺设于路基、桥梁或隧道等下部结构之上,钢轨、轨枕或支承块之下的碎石、卵石层或混凝土层,作为钢轨或轨道框架的基础。道床可分为整体道床和碎石道床两大类,如图 6.4-11、图 6.4-12 所示。

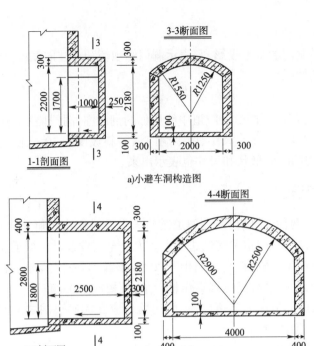

a) 小避车洞构造图

b) 大避车洞构造图

图 6.4-10　大、小避车洞构造图

图 6.4-11　整体道床

图 6.4-12　碎石道床

整体道床是由混凝土整体灌注而成的道床,道床内可预埋木枕、混凝土枕或混凝土短枕,也可在混凝土整体道床上直接安装扣件、弹性垫层和钢轨,又称为整体轨道。

当隧道长度在300～400m时,可在隧道中间布置一个大避车洞;隧道长度在300m以下时,可不布置大避车洞;如果两端洞口接桥或路堑,当桥上无避车台或路堑两边侧沟外无平台时,应与隧道一并考虑布置大避车洞。

整体布置原则:隧道内大、小避车洞应交错设置于两侧边墙内,大避车洞之间设小避车洞;不得将避车洞设于衬砌断面变化处、不同衬砌类型衔接处或变形缝处;隧道行人较多,或曲线半径小,视距较短时,小避车洞还可适当加密。

任务实施

任务: 图 6.4-13 所示为某铁路带翼墙的单线曲边墙隧道洞门图,现以此图进行识图阅读。

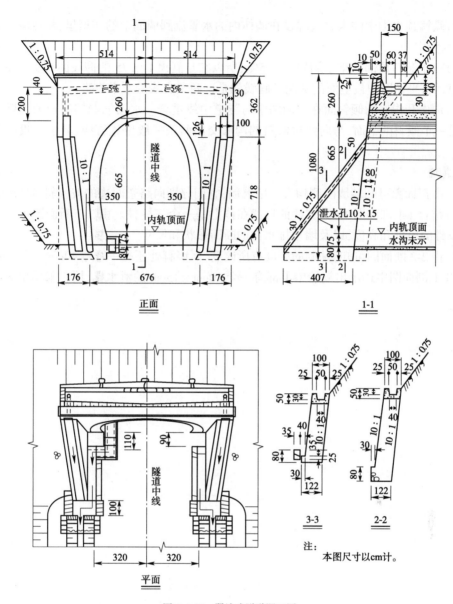

图 6.4-13 翼墙式隧道洞口图

1. 整体识读

隧道洞门图由 5 个图形组成,即正面图、平面图、1-1 剖面图和 2-2、3-3 两个断面图。其中 1-1 剖面图的剖切位置示于正面图中,是沿隧道中线剖切后向左投影得到的剖面图。2-2、3-3 断面的剖切位置标于 1-1 剖面图中,是剖切后向前投影得到的图形。

2. 端墙和端墙顶水沟

(1)由正面图和 1-1 剖面图可知,隧道洞门端墙是一堵靠山坡倾斜的墙,倾斜度为 10∶1。端墙长 1028cm,墙厚在水平方向上的为 80cm。墙顶设有顶帽,顶帽上部的前、左、右三边均做成高为 10cm 的抹角。墙顶的背后有水沟,从正面图上看出,水沟是从墙的中间向两侧倾斜,坡度为 5%。

(2)端墙顶水沟的两端设有挡墙,用于挡水,从正面图左侧可知挡墙高 200cm,其形状用虚线示于 1-1 剖面图中。

（3）端墙顶水沟中的水通过埋设在墙体内的水管流到墙面上的凹槽里，然后流入翼墙顶部的排水沟中。

（4）由于洞口顶部的排水洞坡度为5%，所以它与洞顶1:0.75的仰坡面相交产生两条一般位置直线，平面图中最上面的那两条斜线就是这两条交线的水平投影。

（5）沟岸和沟底的倾斜面在平面图中与隧道中线重合。水沟靠洞门一边的沟壁是倾斜的，它是一个倾斜的平面，与向两边倾斜的沟底交出两条一般位置直线，其水平投影是两条斜线。

3．翼墙

（1）由正面图可知端墙两侧均有一堵翼墙，它们分别向路堑两边的坡倾斜，坡度为10:1。

（2）结合1-1剖面图可知，翼墙的形状在体上是一个三棱柱。由3-3断面图可知翼墙的厚度、基础的厚度和高度，以及墙顶排水沟的断面形状和尺寸。

（3）由2-2断面图可知，基础的高度有所改变，而墙脚处还有一个宽40cm、深35cm的水沟。在1-1剖面图中还示出翼墙中下部有一个10cm×15cm的泄水孔，用它来排出翼墙背面的积水。

项目七　排水工程图识读

学习目标

(1)认知排水工程平面图的主要内容。
(2)能够正确识读排水工程平面图。
(3)能够正确识读排水工程纵断面图。
(4)能够正确识读排水工程构筑物图。

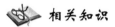
任务描述

排水工程图主要表示排水管道的平面及高程布置情况,一般由排水平面图、排水工程纵断面图和排水工程构筑物图组成。本任务要求学生能正确识读排水工程平面图、纵断面图和构筑物图。

相关知识

一、排水工程平面图

如图 7.0-1 所示,排水平面图中表现的主要内容有:排水管布置位置、管道高程、检查井布置位置、雨水口布置情况等。图中雨水管采用粗点画线、污水管道采用粗虚线表示,并在检查井边标注"Y""W"分别表示雨水、污水井代号;排水平面图上画的管道均为管道中心线,其平面定位即管道中心线的位置;排水平面图中标注应表明检查井的桩号、编号、管道直径、长度、坡度、流向和检查井相连的各管道的管内底高程,如图 7.0-2 所示。

二、排水工程纵断面图

如图 7.0-3、图 7.0-4 所示。

排水工程纵断面图中主要表示:管道敷设的深度、管道管径及坡度、路面高程及相交管道情况等。

纵断面图中水平方向表示管道的长度、垂直方向表示管道直径及高程,通常纵断面图中纵向比例比横向比例放大 10 倍;

图中横向粗实线表示管道、细实线表示设计地面线、两根平行竖线表示检查井,雨水纵断面图中若竖线延伸至管内底以下则表示落底井;

图中可了解检查井支管接入情况以及与管道交叉的其他管道管径、管内底高程、与相近检查井的相对位置等,如支管标注中"SYD400"分别表示"方位(由南向接入)、代号(雨水)、管径(400)"。

以雨水纵断面图中 Y54～Y55 管段为例说明图中所示内容:
(1)自然地面高程:指检查井盖处的原地面高程,Y54 井自然地面高程为 5.700。

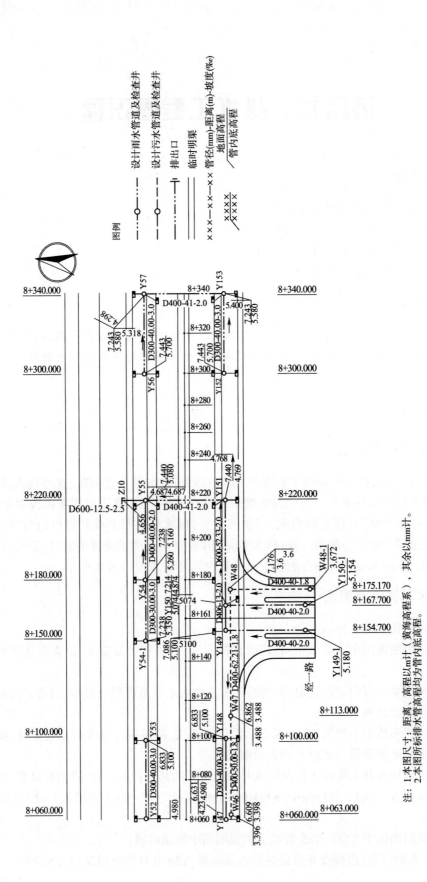

图 7.0-1 排水平面图

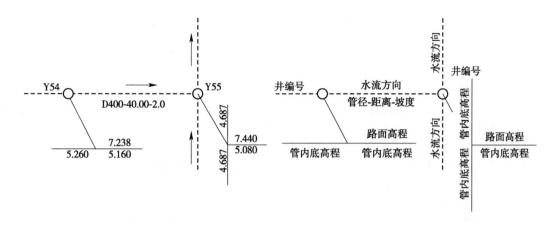

图 7.0-2 管道、检查井标注

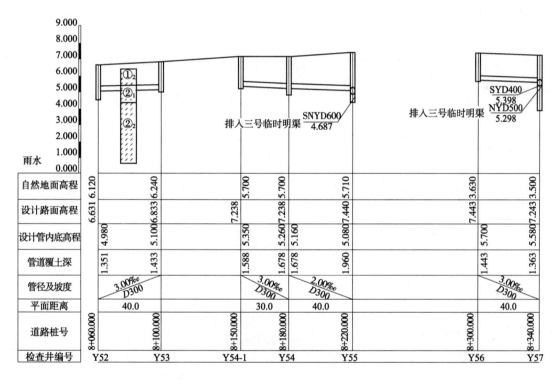

图 7.0-3 道路北侧雨水纵断面图

(2)设计路面高程:指检查井盖处的设计路面高程,Y54 井设计路面高程为 7.238。

(3)设计管内底高程:指排水管在检查井处的管内底高程,Y54 井的上游管内底高程为 5.260,下游管内底高程为 5.160,为管顶平接。

(4)管道覆土深:指管顶至设计路面的土层厚度,Y54 处管道覆土深为 1.678m。

(5)管径及坡度:指管道的管径大小及坡度,Y54～Y55 管段管径为 300mm,坡度为 2‰。

(6)平面距离:指相邻检查井的中心间距,Y54～Y55 平面距离为 40m。

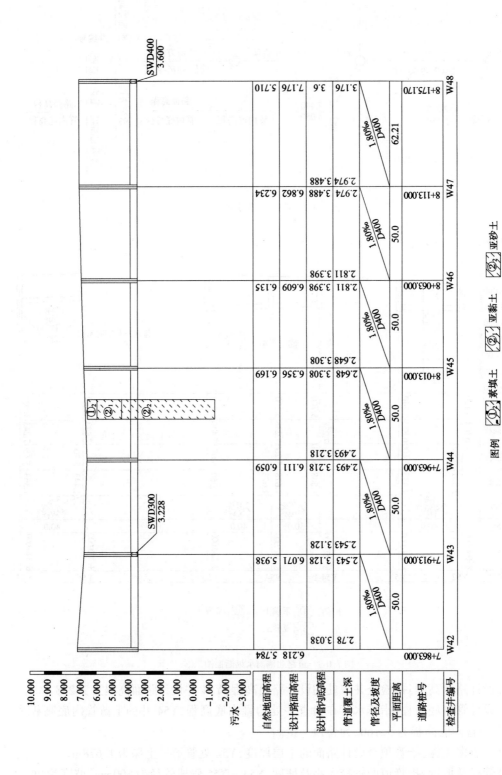

图 7.0-4 污水纵断面图

(7)道路桩号:指检查井中心对应的桩号,一般与道路桩号一致,Y54 井道路桩号为 8+180.00。

(8)检查井编号:Y54、Y55 为检查井编号。

三、排水构筑物图

1. 排水检查井

检查井内由两部分组成,井室尺寸为 1100mm×1100mm,壁厚 370mm;井筒直径为 700mm,壁厚 240mm。井盖座采用铸铁井盖、井座。图中检查井为落底井,落底深度为 50cm。井室及井筒为砖砌,基础采用 C20 钢筋混凝土底板及 C10 素混凝土垫层。管上 200mm 以下用 1:2 水泥砂浆抹面,厚度为 20mm;管上 200mm 以上用 1:2 水泥砂浆勾缝,如图 7.0-5 所示。

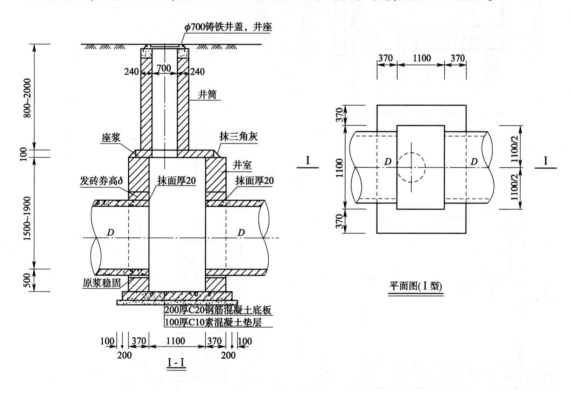

图 7.0-5 矩形排水检查井(井筒总高度≤2.0m,落底井)平面、剖面图
注:D 为检查井主管管径

2. 雨水口图

图中为单箅式雨水口,由平面图及两个方向剖面图组成,内部尺寸为 510mm×390mm,井壁厚为 240mm,为砖砌结构,采用铸铁成品盖座;距底板 300mm 高处设直径为 200mm 的雨水口连接管,并按规定设置一定坡度朝向雨水检查井,雨水口处平石三个方向各设一定的坡度朝向雨水口以利于雨水收集;井底基础采用 100mm 厚 C15 素混凝土及 100mm 后碎石垫层,如图 7.0-6 所示。

任务实施

任务:常规开挖施工排水管道图纸识读(图 7.0-7~图 7.0-12)。

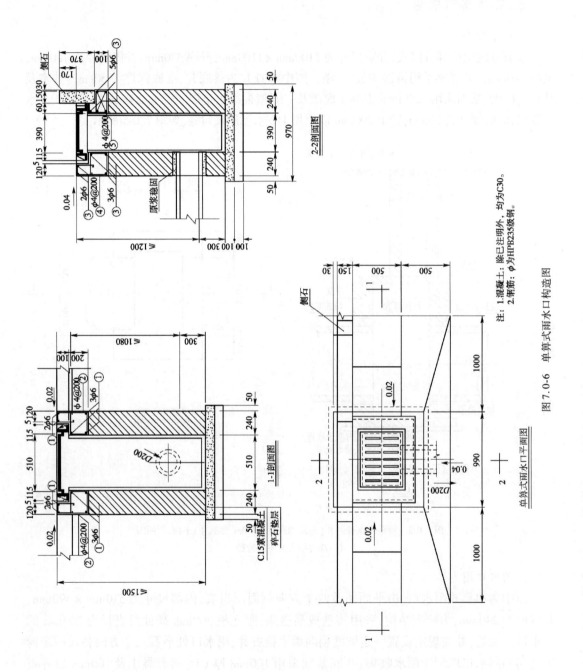

图 7.0-6 单箅式雨水口构造图

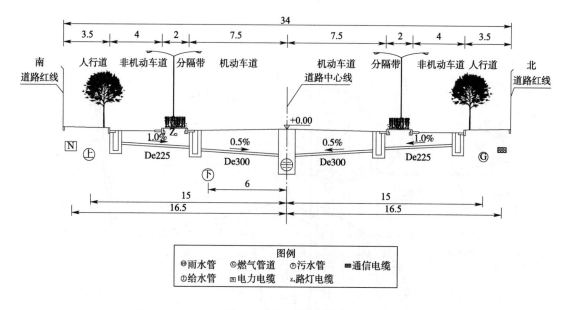

图 7.0-7 十四号路管位图

排水施工图设计说明

(1)本次施工图依据以下资料进行设计：

①工程设计合同；

②现场踏勘和收集的资料；

③《室外排水设计规范》(GB 50014—2006)；

④《城市工程管线综合规划规范》(GB 50289—2016)；

⑤国家工程建设强制性条文——给水排水部分；

⑥《龙山新区二期河道水系、竖向、排水专项规划》。

(2)本工程高程采用1985年国家高程系。

(3)图中尺寸单位：除了管径、检查井平面尺寸以毫米计外，其余均以米计。

(4)图中雨、污水管道里程桩与道路里程桩一致；所注检查井顶面高程为本处管道中心轴线位置的路面高程，是根据道路横断面设计图推算，施工时以道路设计图为准，有出入时井深可相应调整。位于道路红线范围外的检查井井顶高程须与规划街坊地坪高程一致(若无规划街坊地坪高程，近期暂按人行道外侧高程加0.05m控制)。

(5)管材：本工程雨水管De300~De600管采用承插式HDPE缠绕管，环刚度不小于$8kN/m^2$；d800~d1200管采用离心工艺制作的II级承插式钢筋混凝土排水管(离心管)。

(6)钢筋混凝土管和HDPE管均采用承插式接口，"O"形橡胶圈密封，由管材供货商配套提供，生产厂家应通过ISO 9000质量体系认证。

(7)雨、污水街坊预留井设置干道路红线外1.0m，预留井内管道延伸方向留孔，孔内暂用水泥砂浆砖砌封堵。街坊管的数量、位置、管径及接管高程可根据实际需要经设计同意后进行调整。除另注外，雨水街坊预留井均加设0.50m落底。

(8)雨水口采用砖砌偏沟式单箅雨水口，平面尺寸510mm×390mm，雨水口连接管De225采用HDPE管，坡度1%；道路最低点采用双箅雨水口，平面尺寸1270mm×390mm，雨水口连接管De300采用HDPE管。雨水口连管坡度一般采用0.5%。

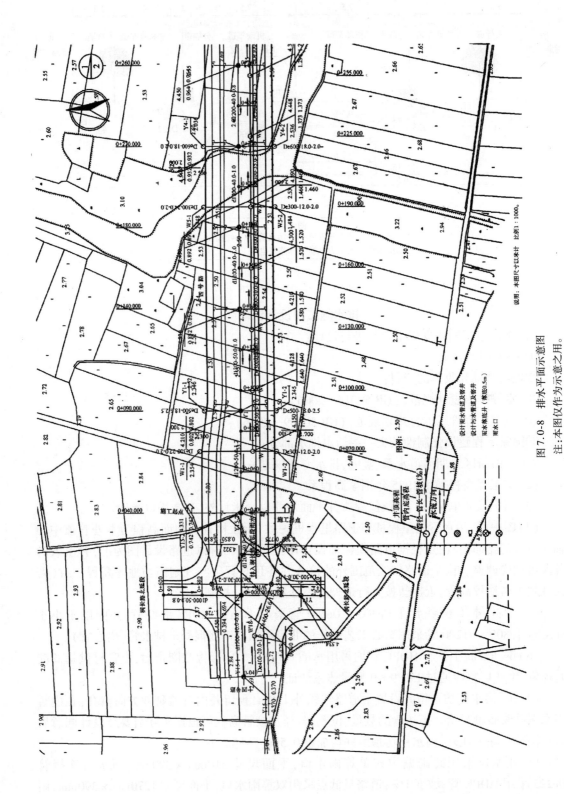

图 7.0-8 排水平面示意图
注：本图仅作为示意之用。

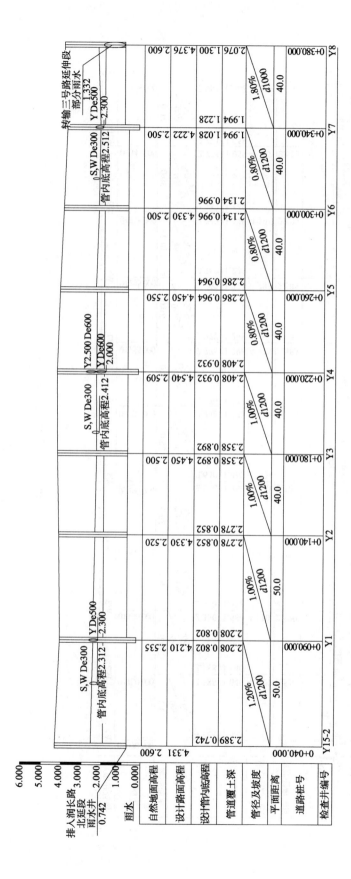

图 7.0-9 雨水纵断面图

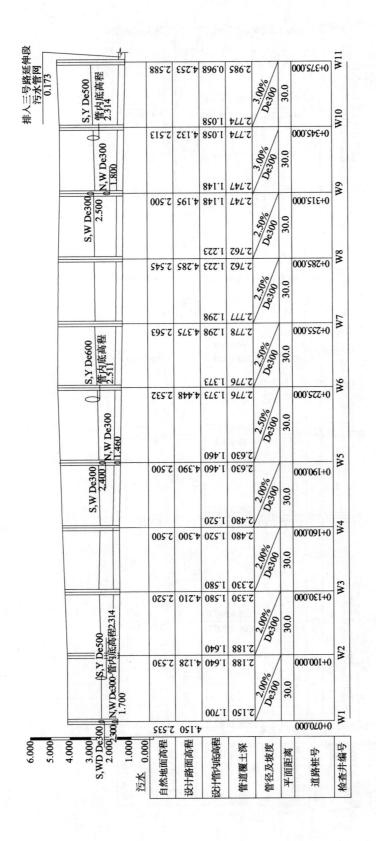

图 7.0-10 污水纵断面图

注：1.本图尺寸以毫米计。
2.适用条件：
(1)管顶覆土：D800~D1200为0.7~6.0m；
(2)开槽埋设的排水管道；
(3)地基为原状土。
3.材料：混凝土为C20；钢筋为HPB235级钢筋。
4.主筋净保护层：下层为35mm，其他为30mm。
5.垫层：C10素混凝土垫层，厚100mm。
6.管槽回填土的密实度：管子两侧不低于90%，严禁单侧填高，管顶以上500mm内，不低于85%，管顶500mm以上按路基要求回填。
7.管基础与管道必须结合良好。
8.当施工过程中需在C层面处留施工缝时，则在继续施工时应将间歇面凿毛刷净，以使整个管基结为一体。
9.管道带形基础面每隔15~20m断开20mm，内填闭孔聚乙烯泡沫板。

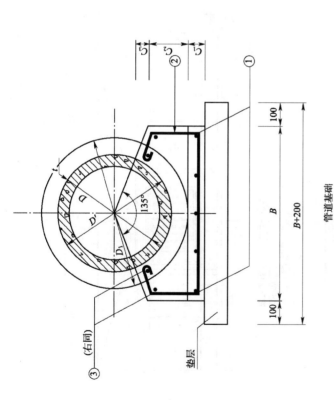

管道基础

基础尺寸及材料表

D (mm)	D' (mm)	D_1 (mm)	t (mm)	B (mm)	C_1 (mm)	C_2 (mm)	C_3 (mm)	①	②	③	每米管道基础工程量			
											C20混凝土(m^3)	①筋长(m)	②筋长(m)	③筋长(m)
800	930	1104	65	1204	80	303	71	7φ10	φ8@200	2φ10	0.356	7.00	10.71	4.00
1000	1150	1346	75	1446	80	374	79	8φ10	φ8@200	2φ10	0.483	8.00	12.84	4.00
1200	1380	1616	90	1716	80	453	91	9φ10	φ8@200	2φ10	0.658	9.00	15.29	4.00

图7.0-11 D800~D1200承插管135°钢筋混凝土基础

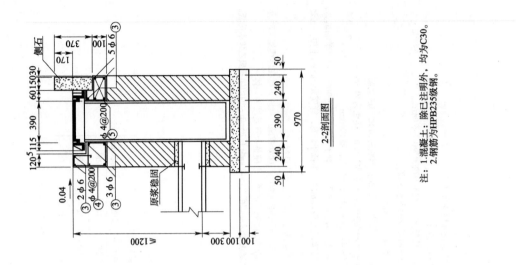

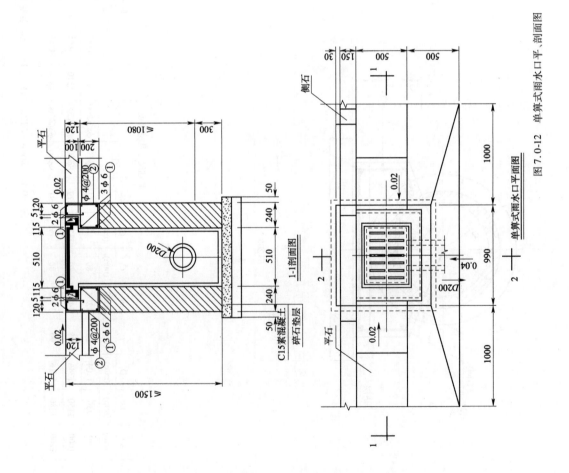

图 7.0-12 单箅式雨水口平、剖面图

(9)施工至交叉口前,须提前对已建或在建雨、污水管管道及检查井高程进行复测核实,或与相交路段的雨污水管道设计和施工进行衔接。若与本设计图有较大出入,请及时与设计联系。

(10)管道施工至已建路口前须摸清沿线已有地下管线,施工时须采取必要的保护措施。

(11)在施工前和施工过程中若有相交道路与本工程有关的最新资料(如施工图和工程联系单)请及时返提设计以便复核交叉口的污水管道设计,以免因相互间的缺、漏、错、碰造成交叉口的返工。

(12)本工程施工及验收执行《给水排水管道工程施工及验收规范》(GB 50268—2008)、《埋地聚乙烯排水管道工程技术规程》(CECS164:2004)。

排水结构施工图设计说明

一、本套图纸尺寸以毫米计,高程以米计(85国家高程)。

二、排水管道基础及检查井

(1)De225~De600管采用HDPE缠绕管,橡胶圈接口,砂-碎石基础。

(2)d800~d1200管采用Ⅱ级承插式钢筋混凝土排水管,135℃20钢筋混凝土基础。

(3)检查井做法详见国标图集砖砌检查井(02S515),落底井落底深度均为0.5m。检查井用于检修用踏步取消。

三、不良地基处理

对于穿越现状河塘及位于淤泥、淤泥质黏土层的排水管道,要求砂垫层或混凝土垫层下采用300mm厚疏排块石挤密(小头朝下),并铺设一层无纺土工格栅并上铺一层15cm砂垫层。

四、管道交叉处理

上下交叉管道管外壁净距小于或等于500mm时进行交叉处理。

五、材料

(1)除标明外,混凝土为C25,ϕ为HPB235级钢筋,Φ为HRB335级钢筋,主筋净保护层:基础及井底板下层为40mm,其余为35mm。

(2)车行道下所有检查井均采用重型钢纤维混凝土井座井盖,绿化带下可采用轻型钢纤维混凝土井座井盖。

六、施工要点

管道采用开槽埋管施工,应做好沟槽的排水工作及基槽维护,严禁超挖。挖土应堆置在沟槽一侧。回填土从管底基础至管顶0.5m范围内,沿管道、检查井两侧必须采用人工对称、分层回填压实,严禁用机械推土回填。管道两侧分层压实时,宜采取临时限位措施,防止管道上浮。钢筋混凝土(HDPE管)管道两侧回填土密实度为90%(95%),管顶以上500mm内回填土密实度为85%(90%),其余按路基要求回填。回填材料从管底基础面至管顶以上0.5m范围内的沟槽回填材料采用砂石、粒径小于40mm的砂砾、中粗砂或沟槽开挖出的良质土。

参 考 文 献

[1] 中华人民共和国国家标准.道路工程制图标准:GB 50162—92[S].北京:中国标准出版社,1992.
[2] 陈倩华,王晓燕.土木建筑工程制图[M].北京:清华大学出版社,2011.
[3] 赵云华.道路工程制图[M].北京:机械工业出版社,2010.
[4] 虎良燕.道路工程制图与识图[M].北京:高等教育出版社,2012.
[5] 张力,李世华.市政工程识图与构造[M].北京:中国建筑工业出版社,2012.
[6] 殷万青.路基路面工程[M].北京:高等教育出版社,2009.
[7] 杨玉衡.土木工程识图[M].北京:中国建筑工业出版社,2010.
[8] 秦溱,殷树梅.桥梁下部施工技术[M].北京:高等教育出版社,2011.
[9] 满洪高,秦溱.桥梁上部施工技术[M].北京:高等教育出版社,2012.